Anton Fluri

Glaserfamilien im Schweizer Jura

Personenverzeichnis für die Glashütten
in Court (Chaluet) und Lauwil (Bogental)
von 1657-1747

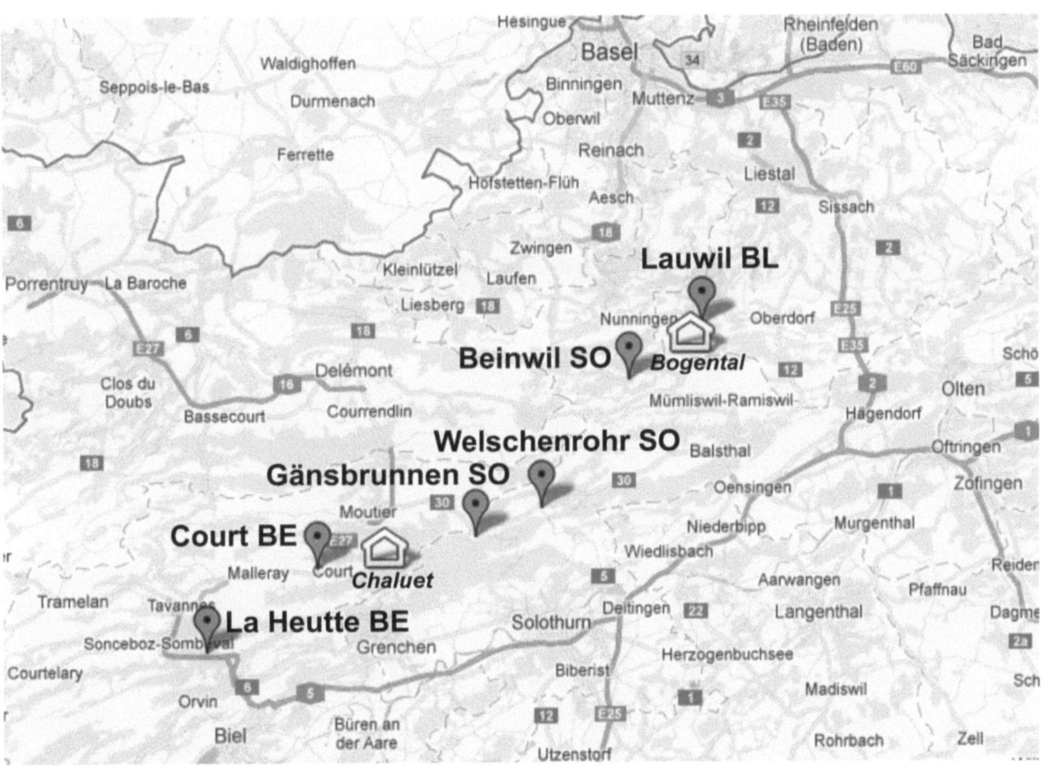

Lageplan mit häufig zitierten Orten (Basis: Google Map, 2012)

Anton Fluri

Glaserfamilien im Schweizer Jura

Personenverzeichnis
für die Glashütten in Court (Chaluet)
und Lauwil (Bogental)
von 1657-1747

2012

© 2012 Anton Fluri

Herstellung und Verlag:
BoD – Books on Demand

ISBN 978-3-8482-2300-8

Vorwort

Wie dieses Personenverzeichnis entstand

Im Rahmen der Forschungsarbeiten zur kurzen Geschichte der Glashütte im Bogental (Gemeinde Lauwil, Kanton Baselland) entstanden Familienblätter, die den personellen Zusammenhang zwischen den Glaserkolonien in Court (Kanton Bern) und der Hütte im Bogental dokumentierten. Eine grosse Hilfe für Glaserfamilien in Court war dabei das ab 1720 geführte Pfarrbuch von Gänsbrunnen, das in den ausführlichen genealogischen Untersuchungen von Guy-Jean Michel und Roland Blind bisher kaum beachtet wurde.

Ein wichtiges Familienblatt betraf den ab 1696 als Vorsteher von Court fassbaren Johannes Gräsly, der bereits in früheren Publikationen als Schlüsselperson in Court gegolten hatte. Im Verlaufe der Untersuchungen zeigte sich, dass es sich beim bisher nur wenig beachteten Glaser Michael Hug um einen Schwager von Johannes Gräsly handelt, der in der dritten und vierten Courter Glashütte eine bedeutend wichtigere Rolle eingenommen hat, als bisher bekannt war. Dieser Michael Hug vollzog auch den Standortwechsel von Court nach Lauwil. Aus dem Familienverbund Hug-Gräsly stammten letztlich auch die Pächter der Glashütte im Bogental.

Die Suche nach den Vorfahren von Johannes Gräsly und Michael Hug führte ins nahe Elsass an den Glaserberg und brachte weitere personelle Verflechtungen zum Vorschein. Allmählich entwickelte sich die Idee, die als Arbeitshilfsmittel entstandenen und im Umfang laufend angewachsenen Familienblätter aus der Glaserepoche Court-Bogental in einem Verzeichnis zusammenzustellen.

Auch wenn es noch nicht gelungen ist, Michael Hug und seinen Vater Heinrich eindeutig mit der zuvor in Gänsbrunnen führenden Glaserfamilie Hug zu verknüpfen, so soll das vorliegende Verzeichnis zumindest die bisherigen Erkenntnisse dokumentieren, die speziell bei den Hug, Allemann und Fluri auch in die Zeit vor den Courter Glashütten zurückreichen.

Im Personenverzeichnis wurde Wert darauf gelegt, die Quellen und Zusammenhänge gut zu dokumentieren. Obwohl sich das Entstandene auf insgesamt recht viele Grundlagen abstützen kann, gibt es bestimmt zusätzliche Quellen, die weiterführende Hinweise zu den behandelten Glaserfamilien enthalten. So könnten die evangelischen Pfarrbücher in der Umgebung von Court und Lauwil Hinweise auf weitere Glaser enthalten. Speziell für die Zeit vor 1700 dürften auch Nebeneinträge (Trauzeugen, Taufpaten, etc.) im lückenhaften Pfarrbuch von Welschenrohr noch Hinweise auf zusätzliche Glaser in Court abgeben. Das grösste Potenzial für weitere Erkenntnisse schlummert aber in den umfangreichen Notariatsakten des alten Bischofsarchivs (AAEB) in Porrenruy.

Dieses Personenverzeichnis erscheint bewusst heute und in der vorliegenden Form, auch wenn einige Lücken noch nicht geschlossen sind und wenn sich im Verzeichnis trotz allen Bemühungen leider auch Fehler finden werden. Für das Verständnis rund um die Glaserfamilien von Court und im Bogental ist es hilfreicher, den vorliegenden Forschungsstand heute zu veröffentlichen als erst in einigen Jahren oder allenfalls nie!

Ausblick und Dank

Für die Glashütte „Pâturage de l'Envers" in Court hat Christophe Gerber mit der Kantons-archäologie des Kantons Bern Ergebnisse zu den Lebensverhältnissen der Glaser und archäologische Erkenntnisse zu den Produktionsmitteln und den entstandenen Produkten vorgelegt. Mit den Daten aus diesem Personenverzeichnis lassen sich Gerbers umfangreiche Forschungsarbeiten nun mit zusätzlichen Erkenntnissen zur beruflichen Mobilität und zu familiären Verknüpfungen der Glaserfamilien weiter ergänzen.

Für mich war der „Dictionnaire généalogique des maîtres-verriers du Glaserberg" von Roland Blind ein grosser Ansporn während der Arbeit an den Personendaten. Roland Blind hat mich auch mit wertvollen Anregungen und Ergänzungen für das Verzeichnis Court-Bogental unterstützt. Dafür gebührt ihm ein spezieller Dank.

Im Verlaufe der Forschungsarbeiten durfte ich mit vielen Geneaologen in der Schweiz, in Frankreich und in Deutschland Erfahrungen und Informationen austauschen. Es ist hier leider nicht möglich, alle diese Helferinnen und Helfer namentlich zu erwähnen. Ihnen allen danke ich an dieser Stelle dennoch ganz herzlich.

Im Schweizer Jura und auf beiden Seiten des Doubs gibt es viele in der Literatur bekannte Glashütten. Daneben gibt es sicher noch weitere, wie die lange Zeit „vergessene" Hütte im Bogental. Mögen für all diese Glashütten ähnliche Verzeichnisse entstehen. Die Faszination von laufend neuen Erkenntnissen zu personellen Verknüpfungen und Wanderungen der Glaserfamilien ist ein abwechslungsreicher Lohn für die erforderliche Arbeit.

September 2012

Anton Fluri

Inhalt

A Einleitung und Überblick

Glashütten im Jura

Um 1450 sind im solothurnisch-bernischen Jura zwei frühe Standorte von Glashütten[1]
bekannt: „Klus" (Gemeinde Balsthal SO) und „La Heutte" (bei Biel-Bienne). Aus dem
Standort Klus entstehen im Verlauf von etwas über hundert Jahren vorübergehende, regionale
Glashütten in Langenbruck BL, Ramiswil SO, Matzendorf SO und ab 1559?[2] auf der
Schafmatt in Gänsbrunnen SO. Die Glashütte in Gänsbrunnen ist vom Rat in Solothurn
anfänglich noch geduldet, wird dann, in Anbetracht von zunehmendem Holzmangel, aber mit
Produktionsverboten belegt. [ROTH, p.283] nennt für die Glashütten in Gänsbrunnen drei
Epochen:

1. *Schafmatt I* (ab etwa 1562-1599/1603).
    Lehen von Simon Hug.
    Nach dem Tod von Simon Hug (†vor 1585) bis zur Volljährigkeit des Sohnes Urs Hug
    kümmert sich vor allem der Hüttenemeister Hans Rubischung um die Leitung der
    Glashütte.
2. *Schafmatt II* (1615-1636).
    Lehen von Urs Hug-Saner (†1628) und dessen Sohn Simon Hug-Eggenschwiler.
3. *Rüschgraben* (1636-1651).
    Lehen von Jakob Böschung (Baschung), später Heinrich Enger (Engel).
    Diese südlich von Gänsbrunnen, auf Gemeindegebiet von Oberdorf SO, gelegene Hütte
    verschafft dem Rat Solothurn während des 30-jährigen Krieges Zugang zu Glasprodukten.
    Als sich nach Kriegsende die Handelswege auch für Glas normalisieren, hat der Schutz
    der Wälder wieder Priorität. Der Rat legt daher die Hütte, vor Ablauf des auf 20 Jahre
    ausgestellten Lehens, bereits 1651 still. Für die vorzeitige Betriebsschliessung erhält
    Heinrich Enger, der damalige Lehensinhaber, eine grosszügige Abgeltung von 1000
    Pfund.

In der Region Biel lässt sich ab 1500 während fast hundert Jahren keine Glashütte mehr
belegen. Doch als der Rat in Solothurn die Glasproduktion in Gänsbrunnen einzuschränken
beginnt, ermöglicht der Fürstbischof von Basel wieder eine „Bieler Hütte". Er erteilt 1594 die
Konzession für eine neue Glashütte im Schilt (oder Tschiedto, Chielto), einem Waldbezirk
südwestlich von La Heutte und südlich von Sonceboz. Entsprechend sind bestimmt auch
einige Glaser von Gänsbrunnen an diese neue Produktionsstätte gezogen. Die Konzessionäre[3]
sind Johann Thurschmidt (Dürschmid) und Niklaus Weber. Eine Nachfolgehütte von 1633[4]
steht dann unter Leitung von Niklaus Weber, seinem Sohn Hugo und dem Schwiegersohn
Germain Fluri (Fleury). Insgesamt produziert die „Bieler Hütte" bis etwa 1657/59, bevor sich
die Wege der massgeblichen Familien trennen. Die Fluri und Monnin werden zu Gründern
der ersten Glashütte in Court, die Weber zählen zu den Gründern der ebenfalls neu eröffneten
Glashütte Lobschez in der Gemeinde Soubey JU.

---

[1] Eine umfassendere und gut dokumentierte Darstellung von den frühen Glashütten „Klus" und „La Heutte" bis
  zu den späteren Glashütten bei Gänsbrunnen und in der Region Biel findet sich insbesondere bei
  [SCHWAB27, p.400 ff] und [SCHWAB30, p.1 ff].
[2] 1558 bittet ein Hermann Wäber mit etlichen Glasern, eine Glashütte beim Gänsbrunnen bauen zu dürfen
  [SCHWAB27, p.421, mit Verweis auf StASO: Ratsmanual 1558, p.120].
[3] [MICHEL89, p.46, mit Verweis auf AAEB FC Erguel 293/3, 30.09.1594]
[4] [ROTH, p.382, mit Verweis auf einen Artikel von G.J. Michel im Jahr 1985]

Unter den Glaserfamilien im Dünnerntal (Klus bis Gänsbrunnen) und in der Region Biel
besteht über Jahre gegenseitig ein enger Kontakt. Gleichzeitig bestehen aber auch familiäre
Bande zu Glasern in Frankreich, Deutschland (Schwarzwald!) und in Österreich (Tirol!). Ein
guter Einstieg dazu findet sich in [MICHEL89].

Von Gänsbrunnen nach Court?

Mit Aufhebung der Glashütte im Rüschgraben um 1651 ziehen viele Glaser aus Gänsbrunnen
weg. 1657, bei der Gründung der ersten Glashütte in Court/Chaluet, halten sich die aus den
regionalen Hütten auf der Schafmatt und im Rüschgraben bekannten Glaserfamilien (Hug,
Rubischung, Allemann, Frölicher, Gräsly, Engel, …) bereits mehrheitlich an anderen Glashütten auf, vor allem rund um den Glaserberg, im südlichen Elsass. Speziell die Hug findet
man anfänglich in den französischen Glashütten von Raedersdorf, Lucelle und Ferrette, später
auch in Wildenstein.

Zieht man ausserdem den rund sechsjährigen „Produktionsunterbruch" zwischen der Hütte im
Rüschgraben und der ersten Glashütte in Court in Betracht, so darf die Ansiedlung in Court
nicht als Verschiebung vom Rüschgraben nach Court/Chaluet angesehen werden. Die erste
Hütte in Court startet in einer personellen Neuzusammensetzung unter der Leitung von
Glasermeistern aus Biel/La Heutte (Benedikt Monnin, Hans und Stoffel Fluri) und aus dem
Schwarzwald (Hans Schell, Adam Sigwart). Einzig Hans Rubischung stammt wahrscheinlich
aus Gänsbrunnen und hat vermutlich das Glaserhandwerk noch an der Rüschgraben-Hütte
gelernt.

Die Glashütten in Court

Im Gemeindegebiet von Court (im weltlichen Territorium des Fürstbischofs von Basel
gelegen, seit 1815 Teil des Kantons Bern) sind insgesamt vier Glashütten[5] nachgewiesen:
1. *Vielle Verrerie* oder *Pré Eicher* (1657-1673).
    Pächter: Benedikt Monnin, Adam Sigwart, Stoffel und Hans Fluri, Hans Rubischung und
    Adam Schell.
2. *Sous les Roches*, auch *de la Belle Côte* (1673-1699).
    Pächter: Hans Rubischung, Adam Sigwart, Hans Schell, Hans und Stoffel Fluri.
3. *Pâturage de l'Envers*, auch *Sur les Roches* oder *Derrière Sairoche* (1699-1714).
    Pächter: Christian Allemann, Christ Grässli, Johann Gräsly, Michel Hug, Peter Raspiller,
    Adam Schell, Hans Jakob Schmidt und Elisabeth Mägli, die Wittwe von Hans Schell.
4. *Vieille Couperie* (1714-1728/1738).
    Pächter: Michel Hug, Hans Jakob Schmid und Johann Gräsly.

Die erste Glashütte in Court ist ab 1657 rund 16 Jahre in Betrieb. Abgesehen von den
Pächtern sind bis heute nur wenige Personeninformationen zu den Glasern bekannt.
Spätestens ab 1670, also bereits während der ersten Hütte, lässt sich in Court die Glaser-
familie Allemann nachweisen, die ihre Wurzeln auf der Schafmatt im benachbarten Gäns-
brunnen hat.
Schon in der Anfangsphase der Hütte zeigt sich, dass die in Court entstandene personelle
Zusammensetzung von Glasern mit unterschiedlicher Herkunft und unterschiedlicher
Konfession nicht sehr glücklich funktioniert. Jedenfalls verzeichnen die Gerichtsprotokolle
von Moutier zahlreiche Schelt- und Schlaghändel aus der Zeit dieser ersten Hütte[6]. Beim

---

[5] Weiterführende Informationen zu den Glashütten in Court: siehe [GERBER, p.26-29]
[6] [SCHWAB30, p.6]

Übergang von der ersten zur zweiten Hütte kommt die erhebliche Rivalität zwischen den Glasern definitiv zum Ausbruch. Dies führt letztlich zum Austritt von Benedikt Monnin, dem bisherigen Vorsteher.

Unter der Leitung von Hans Rubischung (†um 1696/97) ergeben sich während der 26-jährigen Dauer der zweiten Hütte grössere personelle Wechsel. Die Fluri ziehen vor 1683 weg ins Elsass. Andere Familien folgen ihnen nach, wie die von Christian Allemann um 1699. Zugleich kommen in der Zeit von 1675-1685 aus dem Elsass neue Familien nach Court, so etwa der Glaser Michael Gräsly mit seinem Sohn Johann, dem späteren Vorsteher von Court. Etwa gleichzeitig dürfte auch der Glaser Heinrich Hug mit den Söhnen Michael und Georg nach Court gezogen sein. Seit 1680 trifft man in Court zudem die Familie Spicher an, die vermutlich aus dem bernischen Oberhasli zugezogen ist.

An der dritten Hütte findet man unverändert die Familie Schell. Massgebend in dieser dritten Hütte sind nun vor allem Johann Gräsly (als Schwiegersohn von Hans Rubischung) und sein Schwager Michael Hug, ergänzt mit den neu dazugekommenen Glasern Peter Raspiller und Hans Jakob Schmidt.

Die vierte Hütte wird hauptsächlich vom Familienverbund Gräsly-Hug getragen, der dann unter Leitung von Michael Hug auch den Wechsel ins Bogental vornimmt.

Die Glashütte im Bogental

Das in der Gemeinde Lauwil BL gelegene Bogental ist während dem 18. Jahrhundert im Besitz des Spitals von Basel. Die Gründung einer Glashütte im Bogental[7] erfolgt aus dem Familienverbund Gräsly-Hug. Sie stellt damit eine direkte Fortsetzung der vier Hütten in Court dar:
-    1730 schliesst Michael Hug einen Lehensvertrag mit dem Spital Basel ab, der aber erst auf den 1.5.1735 anzutreten sei.
-    Michael Hug und sein Sohn Hans Georg Hug treten gegenüber dem Spital Basel als Verantwortliche auf. Als Sicherheit für die Finanzierung dient ihr Anteil am „Bellacherberg" in Gänsbrunnnen.
-    Die Glashütte wird ca. 1736/37 aufgebaut. Produktionsdauer: 1737/38 -1747.
-    Nach dem Tod von Michael Hug (1737) wird der „Bellacherberg" in Gänsbrunnen versteigert. Zudem brennt 1739 die Glashütte im Bogental ab. Dem Sohn Hans Georg Hug fehlen nun die finanziellen Mittel und er verschwindet 1740 aus dem Bogental.
-    Als „Auffanggesellschaft" verpflichten sich 1741 fünf eng verwandte Glaser, den Hug'schen Lehensvertrag weiterzuführen. Es sind dies Jakob Gräsly, Josef Enderlin, Peter Gräsly, Johann Griner und Friedrich Mueltener.
-    Allmählich wird das erforderliche Holz knapp. Um 1746/47 werden alle Gesuche der Glaser für zusätzliches Holz von den Behörden in Basel und Solothurn abgelehnt.
-    Im Sommer 1747 brechen die Glaser ihre Gebäude ab und ziehen weg.
Bis heute ist weitestgehend unbekannt, wohin die Glaser aus dem Bogental gezogen sind.

---

[7] Chronologie und Hintergrundinformationen zur Glashütte im Bogental: siehe [FLURI/GROLIMUND].

B Personenverzeichnis nach Familien

1 Allemann

Die Familie Allemann wird in Gänsbrunnen fassbar, als im Jahr 1585 „Wolfgang Hug sel. Kinder bey der Glashütte", den Berg und Alp, Schafmatt genannt, für 1900 Gulden an Jakob Allemann, den Schwiegersohn des Glasers Simon Hug verkaufen[8]. Von diesem auf der Schafmtt lebenden **Jakob Allemann oo Anna Hug** gibt es zahlreiche Nachkommen, darunter auch einige Glaser. Wahrscheinlich handelt es sich bei den untenstehenden Glasern Urs Allemann (#1.1), Christian Allemann (#1.2) und Johann Allemann (#1.3) um Enkel dieses Jakob Allemann.

1599 kauft **Hans Allemann ab Schmidenmatt** (ein Sennhof südlich von Herbetswil SO) die Mühle in Welschenrohr[9]. Von diesem Hans Allemann stammen vermutlich die meisten Allemann in der Gemeinde Welschenrohr ab.

Da es im lückenhaften Pfarrbuch von Welschenrohr recht schwierig ist, die Allemann ab der Schafmatt in Gänsbrunnen und die Allemann in Welschenrohr auseinanderzuhalten, beschränkt sich die nachstehende Aufstellung auf Allemann mit einem direkten Bezug zu einer Glashütte.

1.1 Urs Allemann oo Anna Müller

*um 1645, aus Gänsbrunnen, Glaser.
Ehe 19.01.1671 [We] Urs Allemann aus Gänsbrunnen mit Anna Müller „ex vitrina".
Kinder:

- Jakob, *27.08.1685 [Li] in Ligsdorf.
- Joseph, *22.05.1688 [Li] in Ligsdorf.

Bemerkungen:
Wahrscheinlich arbeitet Urs Allemann bis etwa 1685 als Glaser in Court (Taufen zu diesem Paar in Welschenrohr fallen in die grosse Lücke des Taufbuchs [We]) und wechselt danach an eine Glashütte ins Elsass. [BLIND, p.34/35] vermutet als weitere Kinder des Paares:

- Christian, *um 1672, der (ohne Hinweis auf eine erste Ehe) als Wittwer 1698 die Ehe mit Margaritha Spicher eingeht (Überschneidung mit #1.2).
- Johann, *um 1675, Ehe mit Agnes Frölicher (#1.4).
- Peter, *um 1676, Ehe 14.10.1674 [Li] Anna Maria Studer
- Elisabeth, *um 1680, †21.08.1725 in F-Courtavon.
  Ehe um 1705 mit Gilles André Pelletier.

1.2 Christian Allemann oo Agnes Hug / Margaritha Spicher

*um 1645. Glaser in Court, spätestens ab 1699 im Elsass, †vor 1712.
Ehe-1 am 06.10.1670 [We] mit Agnes Hug „ex Schafmatt", †vor 1698.
Ehe-2 am 20.07.1698 [MICHEL99, p.15] in Delémont mit Margaritha Spicher (*um 1666,
†23.04.1731 in F. St. Nicolas).

Kind aus erster Ehe:
- **Viktor,** Firmung 1704 [We], wahrscheinlich Ehe mit Anna Schell (#1.2.1).

Kinder aus zweiter Ehe [gemäss MICHEL99, p.130]:
- **Marie Eve,** *um 1700, Ehe 16.01.1719 in F-Rougemont-le-Châteu mit dem Glaser Urs
  Weible, †06.11.1745 in der Glashütte Vielle-Loye (Frankreich).
- **Christian,** (erwähnt um 1731).

Bemerkungen:
Christians erste Ehefrau, Agnes Hug ab der Schafmatt, könnte eine Schwester von Michael
Hug (#9.2.2) sein. Aus der Ehe von Christian Allemann mit Agnes Hug stammt sicher der
1704 gefirmte Sohn Viktor.
Der Eheeintrag von 1698 in Delémont „viduus Christianus Alleman, vitriolus à Court" mit
„Margaritha Spicher ... ditione bernensi ... conversa" [BLIND, p.34] deutet darauf hin, dass
die Ehefrau aus dem reformierten Kanton Bern stammt, was recht gut zu den Hinweisen für
die Familie Spicher (#21) passt.
1699 wird Christian Allemann „ab der Schafmatt"[10] ausserdem als Mitbesitzer der dritten
Hütte in Court erwähnt, doch wahrscheinlich ist er zu diesem Zeitpunkt bereits in Frankreich,
denn die übrigen Glaser räumen ihm das Recht ein, an die Hütte nach Court zurückzukehren
[MICHEL99, p.15].
Gemäss [MICHEL99, p.130] heiratet die Wittwe Margaritha Spicher später den Glaser Jean
Gaspard Mohler. Nach ihrem Tod im Jahr 1731 halten sich Marie Eve und Christian
Allemann, zwei Kinder aus ihrer ersten Ehe, weiter beim Stiefvater J.G. Mohler auf.
In Abweichung zu [MICHEL99, p.15] geht dieses Personenverzeichnis davon aus, dass es
sich bei Viktor Allemann (*um 1700, Ehe 08.02.1738 mit Elisabeth Montavon) nicht um
einen Sohn von Christian Allemann, sondern um den am 02.03.1704 in Welschenrohr
getauften Enkel Viktor (#1.2.1) handelt. In gleicher Weise wird der bei [MICHEL99]
erwähnte Jean Allemann (*um 1709) als der am 21.05.1708 [We] getaufte Enkel Johann
Georg Allemann (#1.2.1) betrachtet.

1.2.1 Viktor Allemann oo Anna Schell

*um 1675, †15.03.1708 [We, „magister vitrarius"] in Court. Eltern: wahrscheinlich Christian
Allemann und Agnes Hug (#1.2).
Ehe vor 1700 mit Anna Schell (*um 1675, †24.05.1713 [We] in Court; Eltern: wahrscheinlich
Urs Schell und Elisabeth Mägli, #17.1).
Kinder:
- Margaritha ?, *um 1698, †02.03.1716 in F-Saint. Nicolas [MICHEL99, p.16].
- Viktor, *31.01.1703 [We] in Court, †ca. 1703.

---

[10] Auf dem 1585 von Jakob Allemann erworbenen „Berg", einem Hof in der Schafmatt bei Gänsbrunnen, ist der
in diesem Verzeichnis nicht namentlich bekannte Vater von Christian Allemann aufgewachsen, vielleicht auch
Christian selbst. [MICHEL99] und [BLIND] haben die Herkunftsangabe „ab Schafmatt" bei Christian
Allemann fälschlicherweise als „Glaser an der Glashütte Schafmatt" gedeutet. Dies ist jedoch zeitlich nicht
möglich, denn 1651 steht im Rüschgraben bereits die letzte, bei Gänsbrunnen gelegene Hütte still.

- **Viktor**, *02.03.1704 [We] in Court. Vermutlich Ehe am 30.09.1733 in F-Plancher-Bas mit Elisabeth Montavon. †08.02.1738 in F-Saint-Antonie [MICHEL99, p.16].
- Anna, *19.12.1706 [We] in Court.
- **Johann** Georg, *21.05.1708 [We] Court. Vermutlich identisch mit „Jean" (*um 1709, †27.05.1765 in F-Rougemont-le-Châteu, Ehe 29.06.1728 in F-Rougemont-le-Châteu mit Catherine Monnin [MICHEL99, p.16]).

Bemerkungen:
Da 1699 Viktors Vater Christian Allemann den Ofenplatz in Court nicht selber übernommen hat, ist es naheliegend, dass sein Sohn Viktor an seine Stelle getreten ist. Vermutlich gibt es zum Paar Viktor Allemann oo Anna Schell vor 1700 Kinder, die im Taufbuch [We] fehlen (Lücke bis 1700). Zeitlich passt jedenfalls die oben erwähnte Margaritha als älteste? Tochter. Im 16./17. Jh. findet man in den Kirchbüchern [We] und [Ma] Firmungen von Kleinkindern bis zu verheirateten Erwachsenen. In der Firmung von 1704 [We] gibt es aus den Glaserfamilien mehrere Personen, die zum Zeitpunkt der Firmung bereits verheiratet sind, so auch der damals knapp 30 jährige Viktor Allemann. Sein Firmpate ist übrigens Peter Pfund (#13.2.2).
Nach dem frühen Tod von Viktor Allemann besteht für die Wittwe Anna Schell in Court keine Erwerbsgrundlage mehr. Es ist anzunehmen, dass sie mit ihren Kleinkindern zum Schwiegervater Christian Allemann gezogen ist. Damit gehören Anna Schell und ihre Kinder ab 1708 zum Familienverbund von Christian Allemann oo Margaritha Spicher (#1.2) und folgen später teilweise auch Jean Gaspard Mohler, dem zweiten Ehemann von Margaritha Spicher.

1.3 *Johann Allemann oo Barbara Studer*
*um 1655?, aus Gänsbrunnen, Glaser an der Glashütte Birgmatte, †30.04.1690.
Ehe vor 1681 mit Barbara Studer , †02.01.1692.
Kinder:
- Urs, *26.02.1681 [Li] in Ligsdorf.
- Kaspar, *26.03.1683 [Li] in Ligsdorf.

Bemerkungen:
Dieses Paar ist nur im Elsass nachgewiesen [MICHEL99, p.15 und BLIND, p.35].
Bei Johann (Hans) Allemann könnte es sich um einen Bruder von Urs (#1.1) und Christian Allemann (#1.2) handeln.

1.4 *Johann Allemann oo Agnes Fröhlicher*
*um 1675, †22.06.1722 [Gä]. Als Glaser anfänglich im Elsass, ab 1706 sicher in Court.
Ehe vor 1705 mit Agnes Fröhlicher.
Kinder:
- Margaretha, *März 1706 [We].
- Georg, *05.02.1708 [We].
- Johann, *19.12.1709 [We], Firmung 1718 [We].
- Johann Michael, *04.10.1711 [We].
- Joseph, *22.04.1714 [We].
- Kunigunde, *06.01.1718 [We], Firmung 1718 [We].
- Maria Anna, *03.03.1720 [We].

Bemerkungen:

[BLIND, p.35] vermutet Urs Allemann oo Anna Müller (#1.1) als Eltern von Johann
Allemann. Agnes Fröhlicher ist am 02.08.1697 Patin in F-Courtavon und am 05.03.1704 in
F-Winkel. Demnach lebt das Paar bis etwa 1704/05 im Elsass. Bei der Taufe von 1706 und
beim Todeseintrag von 1722 ist Johann Allemann als Glaser in Court erwähnt.

1.5 Jakob Allemann oo Anna Müller

Ehe 15.06.1680 [We] Jakob Allemann mit Wittwe Anna Müller „ex vitrina" (#12.4).

1.6 Josef Allemann oo Anna Maria Hug / Margaritha Schor

* vor 1700. Glaser in Court.
Ehe-1: 16.08.1723 [Gä] mit Anna Maria Hug aus der Glashütte (*16.01.1701 [We], als
Tochter von Michael Hug und Anna Gräsly (#9.2.2); †27.05.1725 [Gä]).
Ehe-2: 17.02.1727 [Gä] mit Margaritha Schor (Dispens 3. Grades).

Bemerkungen:
Zu beiden Ehen stehen keine Kinder im Taufbuch [Gä]. Weil Anna Maria Hug kinderlos
gestorben ist, fehlt sie auch im Inventar ihres Vaters Michael Hug.
Bei Margaritha Schor, der zweiten Ehefrau, dürfte es sich um die älteste Tochter oder
allenfalls eine jüngere Schwester von Christof Schor (#19.1) handeln.

1.7 Weitere Hinweise auf Allemann in Court

Michael Allemann: †23.08.1675 [We], „Michael Allemann ex vitrina".
Jakob Allemann: †18.02.1679 [We], „honestus, probus et exemplaris vir Jacobus Allemann,
Holtzmeister in vitrina".

2 Baumgartner

Der Familienname Baumgartner ist relativ weit verbreitet. Er ist sowohl in der Region
bekannt, (z.B. in Mümliswil-Ramiswil SO und Oensingen SO) aber auch an typischen
Glaserorten (z.B als Köhler im Umfeld der Glashütte von F-Wildenstein).

2.1 Christian Baumgartner oo (Anna) Maria Ritter

*um 1710. Ehe 22.06.1739 [Mü] mit Maria Ritter.
Kinder:
- Jakob, *10.04.1740 [Mü] im Bogental.
- Anna Maria, *22.09.1741 [Mü] im Bogental.
- Margaritha, *23.09.1744 [Mü] im Bogental.
- Josef, *05.06.1746 [Mü] im Bogental.

3 Enderlin (Enderli, Enderle)

3.1 Josef Enderlin oo Margaretha Gräsly

*um 1705, aus D-Oberwihl/Görwihl im Südschwarzwald.
Ehe 19.10.1732 [Gä] mit Margaretha Gräsly (*17.04.1712, Eltern: Johann Gräsly und
Margaretha Rubischung, #5.1.1).
Kinder:
- Margaritha, *13.09.1733 [Gä] in Court.
- Joseph, *19.12.1734 [Gä] in Court.
- Urs Friedrich, *02.09.1736 [Gä] in Court.
- Beat Lorenz, *09.06.1738 [Mü] im Bogental.
- Anna Maria, *07.05.1741 [Mü] im Bogental.
- Peter, *27.09.1742 [Mü] im Bogental.
- Anna Maria, *27.09.1744 [Mü] im Bogental.
- Anna, *14.03.1746 [Mü] im Bogental.

Bemerkungen:
Bis zur Ehe von 1732 taucht der Name Enderli (Enderlÿ, Enderle, …) in den Pfarrbüchern
von Welschenrohr und Gänsbrunnen nicht auf. Als Herkunftsangabe für Josef Enderlin ist
mehrfach „Oberwil aus der Graffschaft Hauenstein" erwähnt, das heutige Oberwihl, ein Teil
der deutschen Gemeinde Görwihl. 1741 ist Josef Enderlin der zweitgenannte Lehens-Besitzer
für die Glashütte im Bogental.

4 Fluri (Flury, Fleury)

Im Kanton Solothurn ist der Familienname Fluri (Flury) sehr verbreitet. Bereits um 1450 sind
Fluri in der Gegend Selzach-Bellach-Lommiswil nachweisbar. Seit 1515 sind Fluri auch in
Herbetswil bekannt und um 1600 bereits in den meisten Gemeinden des Bezirks Balsthal-
Thal, dem Hauptgebiet der ehemaligen Vogtei Falkenstein.
Aus Herbetswil stammt auch eine Familie Fluri (Flury, Fleury), die mit dem Glashändler
Jakob Fluri ab 1658 in der Glashütte Lobschez (Soubey JU) fassbar wird. Spuren zu diesem
Jakob lassen sich aber bisher weder in Gänsbrunnen noch in Court nachweisen. Sein Sohn
Peter Fluri (Pierre Fleury) heiratet später in Soubey am 13.10.1680 [GN] Katharina Raspiller,
eine Schwester von Peter Raspiller (#14.1).
Ebenfalls trifft man Fluri (Flury, später in der Schreibweise Fleury) im Gebiet des ehemaligen
Fürstbistums Basel, so beispielsweise vor 1600 in Envelier, bei Vermes JU.

4.1 Stephan Fluri oo Adelheid Gunziger

*um 1580/90, Glaser in Gänsbrunnen (Glashütte Schafmatt), †23.08.1636 [We].
Ehe vor 1616 mit Adelheid Gunziger, †25.02.1644 [We].
Kinder:
- Johann, *04.12.1616 [We].
- *von 1617-1627 fehlen Taufen dieses Paares in [We].*
- Niklaus, *26.02.1628 [We].
- Jakob, * 28.02.1630 [We].
- Anna, *20.10.1632 [We].
- Barbara, *15.02.1635 [We].

Bemerkungen

Der Glaser Stephan Fluri ist in [We] am 30.09.1616, 03.06.1618, 16.09.1618, 04.11.1618, 19.01.1620, 29.03.1620, 09.08.1620, 15.03.1625, 22.07.1629, 23.03.1631, 23.01.1632, 26.03.1634, 19.11.1634 und am 14.01.1635 als Taufpate fassbar. Die Ehefrau ist am 21.12.1621, 26.05.1622, 10.03.1624 und am 11.07.1627 in [We] als Taufpatin erwähnt. Dies deutet auf eine durchgehende Anwesenheit in Gänsbrunnen hin. Zeitlich kommen daher auch die am 18.10.1626 [We] ohne Angabe der Eltern erwähnten Firmlinge Jakob, Heinrich, Urs, Kunigunde (Küngelin) und Maria Fluri als weitere Kinder dieses Paares in Frage.

Am 01.12.1633 [We] zeichnet Stephan Fluri gemeinsam mit den Glasern Wolf(gang) Hug und Heinrich Enger in Welschenrohr auch als Trauzeuge von „Hans Monj" und „Barbara Meisterin".

Denkbar ist, dass Stephan Fluri aus Herbetswil stammt und der 1630 geborenen Sohn Jakob später in Soubey als Glashändler fassbar wird (vgl. Einleitung #4).

Stephan Fluri könnte wie Germain Fluri (#4.2) aber auch aus Envelier stammen.

Bis jetzt bestehen keine Hinweise, ob nach seinem Tod die Kinder in Gänsbrunnen geblieben und entsprechend Nachfahren an den Hütten von Court anzutreffen sind.

4.2 Germain Fluri aus Envelier

*um 1580, †um 1642, Glaser in „La Heutte", erwähnt als Bürger von Biel.
1633 zeichnet Germain Fluri als Konzessionär für eine neue „Bieler Hütte", gemeinsam mit seinem Schwiegervater Niklaus Weber und dessen Sohn Hugo Weber.[11]

Verwandtschaftliche Hinweise:

In den Notizen von Jean-Philippe Gobat gilt ein „Renaud Flory (†ca. 1623/1631)" als Vater von Germain, „Andres (†ca. 1643/1652)" und „Heiné (†nach 1631)".
Am 9.12.1622[12] wird ein „Steff Flury de Vellier, verrier" fassbar. Jean-Philippe Gobat bezeichnet diesen als Bruder von Renaud, sowie als Vater von zwei Söhnen (Abraham und Hans) und einer Tochter (NN, verheiratet mit Abraham Visard aus Corcelles). Allenfalls ist dieser „Steff" identisch mit dem Glaser Stephan Fluri (#4.1) in Gänsbrunnen.

Kinder[13] von Germain Fluri:

- **David**, ist am 16.3.1643[14] mit dem Vermerk „bourgeois à Bienne" als Zeuge erwähnt und nochmals nachweisbar am 17.11.1648[15], als er einen rund 8 Jahre zurückliegenden Kauf seines inzwischen verstorbenen Vaters „Germain Flory bourgeois de Bienne pour les maistre verrier en la verrerie doussous la Heutte" bestätigt.
- **Christoph (Stoffel) ?**, *um 1630, (#4.2.1)
- **Hans ?**, *um 1630, (#4.2.24.2.1)

Als weitere Kinder (oder zumindest nahe Verwandte) von Germain Fluri kommen in Frage:

- **Anna Maria**, Ehe am 09.02.1660 [We] mit Adam Sigwart (#20.2).
- **Maria ??**, †24.04.1687 [We, „hon. Famina Maria Fluri ex vitrina"], evtl. handelt es sich hier um die Bestattung von (Anna) Maria Fluri, der Ehefrau von Adam Sigwart (#20.2).
- **Margaritha**, Ehe 1645 [GN] in Biel mit Hans Jost Hug (*26.09.1626 [We] als Sohn von Simon Hug und Kunigunde Eggenschwiler; Mitgründer der Glashütte St. Pierre bei Lucelle, #9).

---

[11] [ROTH, p.382, mit Verweis auf einen Artikel von G.J. Michel im Jahr 1985]
[12] Gobat, Notizen „verriers", mit Verweis auf AAEB „Notaire Adam Gobat"
[13] [MICHEL99, p.55] nennt als Kinder die Söhne Heinrich und David Fluri, sowe eine Tochter Katharina Fluri.
[14] Gobat, Notizen „verriers", mit Verweis auf AAEB „Notaire Jean Henry Tièche"
[15] Gobat, Notizen „verriers", mit Verweis auf AAEB „Notaire Daniel Vairo, Tavannes"

Bemerkungen:
Am 4.10.1609[16] verkauft „Germain Flury de Villier, seigneurie de Delémont" die halbe
Glashütte „proche de la Heutte" an Germain Grandgirard aus Corcelles.
Am 21.4.1619[17] erwerben „Niklaus Wäber und Germain Flori", die Glasermeister aus der
„Glasshütten" für sechs Jahre ein Stück Boden der Gemeinde Nidau.
Am 09.04.1639[18] ist „Germain Flory de la verrerie de Bienne" in einem Vertrag beteiligt.

4.2.1 Christoph (Stoffel) Fluri oo Margaritha Weber

*um 1630 (wahrscheinlich in La Heutte, als Sohn von Germain Fluri[19], #4.2), ab 1657 Glaser
in Court, spätestens ab 1683 im Elsass.
Ehe um 1650/55 mit Margaritha Weber (Marguerite Wäber), einer Tochter des Glasers Hans
Heinrich Weber (Jean-Henry Wäber) in La Heutte.

Kinder:
Aus der Region von La Heutte und Court sind bisher keine Taufen dieses Paares bekannt.
Einträge finden sich erst nach dem Wegzug ins Elsass [gemäss BLIND, p.46].
- **Peter,** 1683 Firmung in Lucelle als „filius Christopheri Flori", †02.03.1689 in Lucelle
  „obÿt in vitraria Lucellensis honestus juvenis".
- **Magdalena,** 1683 Firmung in Lucelle als „filia Christopheri Flori".

Bemerkungen:
1657, bei der Gründung der ersten Glashütte von Court, gehören die aus La Heutte zuge-
zogenen Glaser Christoph (Stoffel) und Hans Fluri zu den ersten Lehensnehmern in Court.
Aus der Zeit von 1655-1670 bestehen mehrere Akten[20] mit folgenden Hinweisen:
- „Christoffel Flory, verrier et bourgeois de Bienne" und seine Ehefrau „Marguerite Wäber"
  verkaufen an" Jacques Wäber, maitre verrier, bourgeois de Bienne" alle Rechte, welche
  Margaritha Weber von ihrem Vater Hans Heinrich Weber zustehen.
- Eine Teilung zwischen „Hugue, fils de Hans Henri Wäber, maitre verrier, bourgeois de
  Bienne" und „Christoffel Flori, verrier, bourgeois de Bienne, beau-frère dudit Hugue"
  nennt weitere Verwandtschaftsverhältnisse mit der Familie Weber (Wäber).
- Christoffel wird mit seinem Onkel „Benedict Monnin de Boujean" (#10.1) genannt.
- Am 24.02.1661[21] finden sich in einem Dokument „Christoffel Flory, bourgeois de la ville
  de Bienne, maitre verrier en la verrière de Court" und „Jakob Wäber, verrier, bourgeois de
  Bienne".
- Am 02.03.1665[22], sichern sich „Christophel Flury (1/2), Bendy Monnin de Boujean (1/4)
  et Fecher Hugue? (1/4)" für fünf Jahre die Rechte am südlich von Court gelegenen Berg
  „Montoz".
- 1670[23] ist „Stoffel Fluri maitre verrier en la verrière de Court" in einem Vertrag beteiligt.
1673[24] erklären die Brüder Hans (#4.2.2) und Stoffel Fluri, dass sie aus Envelier stammen
(„Vellier sur Verme") und dass bereits ihr Vater und ihr Grossvater als Glaser im Dienste des

---

[16] Gobat, Notizen „verriers", mit Verweis auf AAEB „Notaire Josué Beynon?"
[17] Gobat, Notizen „verriers", mit Verweis auf AAEB „Notaire Adam Schaffner"
[18] Gobat, Notizen „verriers", mit Verweis auf AAEB „Notaire Jacob Fridelat"
[19] Diese Zuordnung ist plausibel, aber nicht gesichert. [MICHEL89 p.388] vermutet Hans und Stoffel Fluri als
  Söhne von Heinrich oder David Flury und Enkel des Glasers Germain Flury.
[20] Gobat, Notizen „verriers", mit Verweis auf AAEB „Notaire Pierre Sautier" (22.04.1655, 12.07.1657,
  24.09.1658 und 28.11.1658 in La Heutte)
[21] Gobat, Notizen „verriers", mit Verweis auf AAEB „Notaire Abr. Simonet "
[22] Gobat, Notizen „verriers", mit Verweis auf AAEB „Notaire Jean Marchand??"
[23] Gobat, Notizen „verriers", mit Verweis auf AAEB „Notaire Pierre Nicolet"+Hinweis "SS Simonet Jude 1670"

Fürstbischofs von Basel gestanden haben. Beide Brüder sind nach einigen Jahren aus diesem Lehensvertrag ausgetreten und ins Elsass weggezogen, wo sich ihre Spuren vorerst verlieren.

4.2.2 Hans Fluri oo Margaritha Fluri / Esther Allemann

*um 1630 (wahrscheinlich in La Heutte, als Sohn von Germain Fluri #4.2). Glaser in Court, spätestens ab 1687 im Elsass.
Ehe-1 mit Margaritha Fluri (Fleury),
Ehe-2 am 03.06.1690 in Lucelle mit der Wittwe Esther Allemann aus der Region Freiburg.

Kinder aus erster Ehe [BLIND, p.46]:
- Madeleine, *21.03.1687 in Lucelle
- Madeleine, *28.11.1688 in Lucelle

Bemerkungen
1657 und 1673 sind Hans Fluri und sein Bruder Christoph (#4.2.1) Lehensnehmer bei den ersten beiden Glashütten in Court. Beide Brüder treten jedoch aus dem zweiten Lehensvertrag aus.
Anlässlich der Taufen von 1687 und 1688 in Lucelle wird „Marguerite Fleury" als erste Ehefrau von Hans ersichtlich. Nach der zweiten Ehe von 1690 sind keine weiterführenden Spuren zur Familie des Glasers Hans Fluri bekannt.

4.3 Hans Heinrich Fluri

Ein „Hans Henry Flury, verrier à la verrerie de Court" findet sich am 16.04.1697[25] als Zeuge in einem Notariatsprotokoll.
Hier könnte es sich um einen weiteren Bruder von Christoph Fluri (#4.2.1) und Hans Fluri (#4.2.2) handeln oder bereits einen Sohn dieser beiden Glaser.

4.4 Josef Fluri oo Ursula Dreyer

*um 1680.
Ehe vor 1708 mit Ursula Dreyer.
Kinder:
- Margreth, *06.09.1708 [We]. Taufpaten sind Michael Hug, Glaser und Margreth Schell.
- Margreth, *18.02.1710 [We]. Taufpaten sind Michael Hug, Glaser und Margreth Schell.

Bemerkungen:
Josef Fluri wird nicht als Glaser erwähnt. Die Taufpaten lassen jedoch vermuten, dass Josef Fluri im Umfeld der Glashütte in Court gearbeitet hat.
Ein zeitlich passender „Joseph Fleury de Velier, paroissien de Verme resident à la verrerie" ist am 29.6.1710 in Court erwähnt[26].

---

[24] [MICHEL89, p.46] mit Verweis auf AAEB A55/24, Grandvallensis Monasterium, Bois es Forêts, sd.
[25] Gobat, Notizen „verriers", mit Verweis auf AAEB „Notaire Jean Faigaux"
[26] Gobat, Notizen „verriers", mit Verweis auf AAEB „Notaire Abr. Mercerat?"

4.5 Urs Viktor Fluri oo Anna Maria Gräsly

Kinder:
- Peter, *26.11.1742 [Mü] im Bogental.
- Elisabeth, *06.01.1744 [Mü] im Bogental.
- Jakob, *07.04.1745 [Mü] im Bogental.

Bemerkungen:
Urs Viktor Fluri könnte einer der vielen Fluri-Familien im Dünnerntal, in der Region Envelier/Vermes oder der Glaserfamilie von Hans und Stoffel Fluri (#4.2) entstammen.

5 Gräsly (Gresly)

Der Familienname Gräsly ist bei Glasern im Schwarzwald recht verbreitet. Für die in Court auftretenden Gräsly gibt es zwei wahrscheinliche Herkunftsmöglichkeiten:

a) Herkunft D-Zell im Wiesental (Südschwarzwald)
Kaspar Gräsly aus Zell im Wiesenthal heiratet am 19.05.1647 [We] **Anna Hug** aus dem Rüschgraben, eine Tochter von Simon Hug und Kunigunde Eggenschwiler (#9). Ab 1651 ist Kaspar Gräsly im Elsass nachweisbar. 1656 gründet er mit seinen Schwägern Hans Fröhlicher, Viktor Hug, Urs Hug und Hans Jost Hug die Glashütte St. Pierre bei Lucelle. Am 20.10.1664 [Li] taufen Kaspar Gräsly und Anna Hug in Ligsdorf eine Tochter Katharina. Kaspar Gräsly stirbt am 18.10.1677 [Li] in Ligsdorf. Eine Anna Hug aus der Glashütte wird am 24.04.1688 [Li] in Ligsdorf bestattet.
Jean Gaspard Gräsly, vermutlich ein Sohn von Kaspar, heiratet am 06.07.1670 [Li] in Ligsdorf **Veronica Bur** (Burrin, Bir) und ist 1679 Lehensnehmer der Glashütte in Lucelle. [BLIND, p.31] erwähnt zu diesem Paar drei Kinder: Maria (*07.04.1671 [Li]), Urs (*13.11.1673 [Li]) und Anna (*14.12.1678 [Li]). Am 13.10.1680 [Li] taufen **Kaspar Gräsly** aus der Glashütte und **Maria Räbstolz** (Jean Gaspard Gräsly mit einer zweiten Ehefrau?) einen Sohn Johann Jakob. Die Spuren all dieser Kinder verlieren sich im Elsass und es ist eher unwahrscheinlich, dass Kinder oder Enkel von Kaspar Gräsly nach Court gezogen sind.

b) Herkunft D-Altglashütten bei St. Blasien im Schwarzwald (Glashütte Rothwasser)
Hans Gräsly ist am 09.07.1658 einer der Mitunterzeichner für die Hütte Rothwasser. Den nachfolgenden Lehensvertrag von 1687 unterzeichnet seine Wittwe **Angelica Barthle**. In der Zeit bis 1690 verlieren sich die Spuren der Gräsly an der Rothwasser-Hütte. Somit ist wahrscheinlich, dass Mitglieder dieser Gräsly-Familie in andere Glashütten gezogen sind.
Für Christian Gräsly (#5.2) scheint es plausibel, dass er von der Rothwasser-Hütte direkt nach Court gezogen ist.
Andere Familienmitglieder zieht es zuerst ebenfalls ins Elsass an den Glaserberg. So verehelichen sich am 29.06.1681 [Lu] in Lucelle der Jüngling **Johann Gräsly** „ex Rothwasser Glashüth" und **Elisabeth Baur** (Bur) „ex Selzach", die Wittwe von Heinrich Fröhlicher. Das Paar tauft anschliessend bis 1694 fünf Kinder. Elisabeth Baur stirbt 1697 in Lucelle. Zu diesem Johann Gräsly fehlen weitere Angaben. Seine Nachkommen trifft man später in Biefd'Etoz und an weiteren Glashütten.
1671-1673 hält sich auch Michael Gräsly (#5.1) am Glaserberg auf, um danach an die zweite Hütte in Court zu wechseln.

5.1 Michael Gräsly oo Elisabeth Hug

*um 1645?, †22.11.1713 [We, „Magister vitrarius"] in Court.
Ehe mit Elisabeth Hug (*evtl. 08.04.1648 in Ferrette als Tochter von Jakob Hug und Elisabeth
Fröhlicher, #9, †16.04.1711 [We, „Elisabeth Hugi uxor Michaelis Gräslin, vitrari"]).
Kinder:

- **Johann**, *20.12.1671 [Li] in Lucelle, Ehe mit **Margarethe Rubischung** (#5.1.1).
- Maria, *06.12.1673 [Li] in Lucelle.
- **Anna**, *um 1675, Ehe am 14.09.1698 [Ms] mit **Michael Hug** (#9.2.2).
- Johanna, Firmung 1704 [We].
- **Anna Elisabeth**, *um 1685, Firmung 1704 [We], Ehe 28.01.1709 [We] mit **Peter Guntziger (Gunzinger)**, Holzer, Sohn von Klaus Guntziger aus Welschenrohr. Zu diesem Paar finden sich mehrere Taufen in [We] und [Gä].
- Margaretha, Firmung 1704 [We].

Bemerkungen:
[BLIND, p.31] nimmt an, dass Michael Gräsly ein Sohn aus der 1647 erfolgten Ehe von
Kaspar Gräsly und Anna Hug ist. Mit Geburtsjahr 1648-1652 könnte die vor 1670 erfolgte
Ehe mit Elisabeth Hug zeitlich noch knapp passen. Doch dann wäre Tochter Anna Gräsly
1698 mit Michael Hug in dritter Generation aufeinander eine Ehe Gräsly-Hug eingegangen,
was insgesamt doch recht unwahrscheinlich anmutet. Somit bleibt es plausibel, dass Michael
Gräsly gemäss [MICHEL89 p.450] aus der Glashütte Rothwasser stammt und via Lucelle und
allenfalls einer weiteren Zwischenstation an die Glashütte nach Court gezogen ist.
Der Eheeintrag von Anna Elisabeth Gräsly im Jahr 1709 bringt etwas Licht in weitere
familiäre Beziehungen. Anna Elisabeth wird darin erwähnt als Tochter von Michael Gräsly,
Glaser in der Glashütte. Zugleich wird der Meyer Johann Gräsly als Trauzeuge und Bruder
der Braut beschrieben.
Die Zuordnung von Anna Gräsly (#9.2.2) als Tochter von Michael Gräsly leitet sich aus den
Eigentumshinweisen zum „halben Berg Schafmatt" ab, der in den verschiedenen Unterlagen
auch als „Bellacherberg" bezeichnet wird. In einem Protokoll[27] steht: „als erstliche gebührt
Johann Grässli seinen Erben der halb Theill obgedachten Bergs wie solcher (…) anno 1688
von H.H. Gmeind Bellach erkauft worden, dann der andere halbe Theill Michael Hug". Im
gleichen Protokoll steht zudem, dieser Berg von Gräsly und Hug sei „mit einender ererbt und
niemahlen vertheilt worden". Im Inventar zu Michael Hug[28] wird dann präzisiert, dass sein
halber Anteil von „Anna Gräslj, des Verstorbenen Frawen seel härkommen thuet". Zum Kauf
von 1688 ist leider kein Dokument bekannt. Naheliegend ist jedoch, dass Michael Gräsly
1688 den „Bellacherberg" auf der Schafmatt gekauft hat und 1713/14, bei der Teilung des
elterlichen Vermögens, die beiden Kinder Johann und Anna Gräsly den Berg je zur Hälfte
übernommen haben.

5.1.1 Johann Gräsly oo Margarethe Rubischung / Johanna Stocker

*20.12.1671 [Li] in F- Lucelle als Sohn von Michael Gräsly und Elisabeth Hug (#5.1),
†15.11.1739 [Gä] in Court.
Ehe-1: um 1693/95 mit Margaretha Rubischung (*um 1671/72, †04.01.1716 in Court, Eltern:
Hans Rubischung und Magdalena Hug, #15.1).
Ehe-2: 19.01.1722 [Gä] mit Johanna Stocker, Tochter von Johann Kaspar Stocker aus
Solothurn und zugleich Schwester von Johann Stocker, dem ersten Pfarrer in Gänsbrunnen.

---

[27] StASO: I+T Welschenrohr 1737/Nr46
[28] StASO: I+T Mümliswil 1738/Nr47

Kinder aus 1. Ehe:

- **Jakob**, *ca. 1700, Firmung 1704 [We],
  Ehe 25.11.1720 [Gä] mit Anna Maria Spicher (#5.1.1.1).
- Johann, *08.01.1702 [We] in Court, †vor 1703.
- Johann, *18.03.1703 [We] in Court, †vor 1740 (im Inventar nicht erwähnt).
- **Josef**, *22.02.1705 [We] in Court, Firmung 1718 [We] in Solothurn, †um 1758, Schmid
  in F-Wildenstein. Ehe 18.08.1732 in F-Orderen mit **Anna Hug**, Wittwe des Anton
  Walk[er], Glaser in Wildensteien. Keine Kinder. Josef Gräsly hat gemäss Inventar von
  1740 seinen elterlichen Anteil an (Johann) Georg Hug (#9.2.2.1) verkauft.
- **Peter**, *14.09.1707 [We], Firmung 1718 [We] in Solothurn,
  Ehe 28.08.1730 [Gä] mit Margaritha Rotha (#5.1.1.2).
- **Katharina**, *06.12.1709 [We], Firmung 1718 [We] in Solothurn, †21.12.1764 [GN] in
  F-Wildenstein, Ehe 19.11.1731 [GN] in F-Orderen mit **Jean Thiebaut Hug** (Glaser,
  *ca. 1705, †14.08.1756 [GN] in F- Wildenstein).
- **Margaretha**, *17.04.1712 [We], Ehe 19.10.1732 [Gä] mit **Josef Enderle** (#3.1).
- **Georg**, *10.05.1714 [We] in Court, im Inventar von 1740 erwähnt.

Bemerkungen:
Johann Gräsly wird um 1696 Nachfolger des Schwiegervaters Hans Rubischung als Meyer
(Vorsteher) der zweiten Glashütte in Court. 1699 ist er Teilhaber (mit 2 Plätzen) an der dritten
Courter Glashütte. 1714 gehören Johann Gräsly und seinem Schwager Michael Hug (#9.2.2)
insgesamt 7 von 10 Plätzen der vierten Glashütte von Court. Diese beiden Glaser sind zudem
auch mit dem Besitz des in Gänsbrunnen gelegenen „Bellacherbergs" (heute Hasenmatthof),
einem Teil der ursprünglichen Schafmatt, eng miteinander verbunden.
Johann Gräsly wird 1739 in Gänsbrunnen bestattet. Er ist im Todeseintrag noch als
„prefectus" der Glashütte beschrieben. Die Glasproduktion findet zu diesem Zeitpunkt aber
bereits im Bogental statt.
Zu „Margreth Rubitschung und Johannes Gräsli" hält ein am 14.05.1740 erstelltes Dokument
die Aufteilung des in Gänsbrunnen vorhandenen Vermögens fest[29]. Darin sind die Söhne
Jakob, Josef, Peter und Georg erwähnt, sowie „Catharina mit Theobald Hug verehelichet" und
„Margaretha mit Joseph Endterli verheÿrathet". Jedes der sechs Kinder erhält aus dem
Nachlass der Eltern einen Anteil von 247 Gulden, 5 Batzen und 2 ½ Kreuzer.

5.1.1.1 Jakob Gräsly oo Anna Maria Spicher

*ca. 1700 in Court (Eltern: Johann Gräsly und Margarethe Rubischung, #5.1.1), †20.07.1743
[Be „43 jährig"] im Bogental, Glaser.
Ehe: 25.11.1720 [Gä] mit Anna Maria Speicher „conversa" (*um 1700).
Kinder:
- Anna Maria, *01.01.1722 [Gä] in Court.
- Peter Josef, *14.04.1723 [Gä] in Court, †1723 († im Taufbuch).
- Margaritha, *23.01.1725 [Gä] in Court, †vor 1729.
- Josef Jakob, *24.11.1726 [Gä] in Court.
- **Margaritha**, *19.01.1729 [Gä] in Court, †17.11.1791 [GN] in der Glashütte von Miellin.
  Ehe 10.08.1755 [GN] mit **Claude Desmange** (*28.07.1727[GN], †07.09.1810 [GN] in
  Miellin).
- Jakob Ignaz, *31.07.1731 [Gä] in Court.

---

[29] StASO: I+T Gänsbrunnen 1740/Nr18

Bemerkungen:
Der Eheeintrag von 1720 deutet darauf hin, dass Anna Maria Spicher (Speicher) einen Konfessionswechsel zur römisch-katholischen Kirche vollzogen hat. Damit kommt sie als Tochter von Melchior Spicher aus Oberhasli (#21.1) in Frage.
Jakob Gräsly ist als Glaser in Court nachgewiesen und zeichnet in der „Auffanggesellschaft" von 1741 als erstgenannter Lehens-Besitzer für die Glashütte im Bogental.

5.1.1.2 Peter Gräsly oo Margaritha Rotha

*14.09.1707 [We] in Court (Eltern: Johann Gräsly und Margarethe Rubischung, #5.1.1).
Ehe: 28.08.1730 [Gä] mit Margaritha Rotha aus Grenchen (*26.10.1710 [Gr], Eltern: Johann Rotha und Elisabeth Bringhia?).
Kinder:
- Anna Maria, *26.07.1731 [Gä] in Court.
- Peter Jakob, *24.08.1732 [Gä] in Court.
- Anna Margaritha, *15.12.1733 [Gä] in Court.
- Johanna, *07.07.1735 [Gä] in Court.
- Jakob, *06.07.1738 [Mü] im Bogental.
- Johann Georg, *28.08.1740 [Mü] im Bogental.
- Josef, *15.08.1742 [Mü] im Bogental.
- Urs Viktor, *20.02.1744 [Mü] im Bogental.

Bemerkungen:
Peter Gräsly ist als Glaser in Court und im Bogental nachgewiesen. 1741 ist er drittgenannter Lehens-Besitzer für die Glashütte im Bogental. Margaritha Rotha ist eine Schwester von Ursula Rotha (#9.2.2.1) und Anna Maria Rotha (#9.2.2.2).

5.2 Christian Gräsly oo Salome Bürgi

*ca. 1655/60, †nach 1703.
Ehe mit Salome Bürgi (†17.02.1703 [We] in Court, „uxor Christiani Gräsli, vitrari").
Kinder:
- **Katharina**, *um 1685, Ehe 13.02.1703 [We] mit dem Glaser **Johann Jakob Schmid** (#18.2).
- **Elisabeth?**, *um 1685, Ehe 29.10.1707 [We] mit **Josef Spicher** (#21.2).

Bemerkungen:
Gemäss [MICHEL89 p.450] stammt Christian Gräsly aus der Glashütte Rothwasser, wie Michael Gräsly (#5.1). Dazu passend findet sich in genealogischen Notizen ein Hinweis, dass 1686 ein Christian Gräsly in Rothwasser als Pate genannt wird.
1699 ist Christian Gräsly als Teilhaber an der zweiten Glashütte von Court genannt. 1703 wird seine verstorbene Frau als „uxor", nicht „vidua" erwähnt. Da sich in den Pfarrbüchern [We] und [Gä] kein Sterbeeintrag zu Christian Gräsly findet, ist er wahrscheinlich nach 1707 aus Court weggezogen.
Die Zuordnung von Elisabeth zu Christian Gräsly und Salome Bürgi ist nicht gesichert, aber zumindest zeitlich passend.

5.3 Weitere Hinweise auf Gräsly in Court

- Ab 1711 mehrere Taufen von **Christof Schor und Angela Gräsly** (#19.1).
- Am 04.08.1716 [We] taufen **Benedikt Hängi (Hänggi) und Anna Maria Gräsly** einen Sohn Johann Jakob.
- Am 16.10.1721 [Gä] taufen **Michael Gräsly und Anna Schell** (Schellene) einen Sohn **Melchior**. Gemäss [GN] handelt es sich hier um Michael Gräsly *03.09.1687 in F-Lucelle (Eltern: Jean Baptiste Gräsly und Elisabeth Baur), der sich in 2. Ehe am 30.01.1719 in F-Charmauvillars (Glashütte Bief d'Etoz) mit Anna Schell verheiratet hat und später in der Glashütte „Le Hang" im Elsass erscheint. Der 1721 geborene Sohn Melchior wird später in Le Hang als Glashändler erwähnt.
- Am 29.09.1727 [Gä] taufen **Johann Robelsberg** „ex Brandenburg …" und **Johanna Gräsly** aus der Glashütte Court einen Sohn Urs Michael.
- Am 26.01.1732 [Gä] taufen **Kaspar Gräsly**, Glaser und **Margaritha Hug** einen Sohn Johann Georg.
- Am 19.11.1737 [Gä] stirbt **Anna Gräsly, geborene Meyer**. In [GN] findet man eine Anna Meyer als Ehefrau des am 01.04.1686 in F-Ligsdorf getauften Jean Gräsly (Eltern: Jean Baptiste Gräsly und Elisabeth Baur).

6 Greuter

6.1 Johann Jakob Greuter oo Anna Maria Tanner

Ehe mit Anna Maria Tanner (Danner, Dannerin, Thannerin, Saner).
Kinder:
- Viktor, *10.08.1706 [We].
- Margretha, *06.12.1706 [We].
- Anna, *10.11.1709 [We].
- Marie, *17.01.1712 [We].
- Johann, *25.03.1714 [We].
- Josef, *01.11.1717 [We].
- Urs Josef, *02.10.1718 [We].
- Jakob, *20.12.1722 [Gä].
- Margaritha, *20.12.1722 [Gä].

6.2 Jakob Greuter oo Maria Müller

Ehe: 21.08.1690 [Li] „Jakob Greutter aus der Glashütte und Maria Müller".

Bemerkungen:
1709 [We] erfolgt in Welschenrohr die Firmung von Jogeli (Jakob) Greuter, einem Sohn dieses Paares. Am 24.10.1715 [We] stirbt ein Jüngling Jakob Greuter, Glaser (der Gleiche?).
1719 [We] werden Anna Maria und Anna Greuter gefirmt, beides Töchter von Jakob Greuter.

7 Griner

7.1 *Johann Georg Griner oo Anna Maria Griner*

*um 1700, Ehe vor 1726 mit Anna Maria Griner.
Kinder:

- Anna Maria, *09.06.1726 [Gä] in Court.
- Johann Georg, *18.09.1727 [Gä] in Court.
- Maria Agnes, *19.07.1729 [Gä] in Court.
- Katharina, *03.02.1731 [Gä] in Court.
- Margaritha, *17.01.1737 [Gä] in Court.
- Maria Barbara ?, *05.04.1739 [Mü] im Bogental.

Bemerkungen:
Johann Georg Griner ist 1724 Trauzeuge bei der Ehe von Joseph Schmid und Maria Schmid
(#18.6) mit Herkunftsangabe „aus dem gleichen Ort" wie das Brautpaar. Beim Taufeintrag
von 1726 steht „Lutheri ex Magrafenland, zu Basel". Das Markgräflerland liegt in Deutschland, nordöstlich von Basel. Bei der Taufe von Maria Agnes (1729) steht „Lutherana".
Erstaunlich ist, dass Lutheraner (Reformierte) im katholischen Taufbuch von Gänsbrunnen
aufgeführt sind.
Bei der Taufe von Maria Barbara am 05.04.1739 in Mümliswil sind die Eltern eingetragen als
Johannes Schimer? und Maria Griner. Trotz dieser Unsicherheit passt Marie Barbara zeitlich
und örtlich gut zum obgenannten Elternpaar.

7.2 *Johann Griner oo Margaretha Hug*

*um 1700, Ehe 11.10.1734 [Gä] mit Margaretha Hug (*17.01.1709, Eltern: Michael Hug und
Anna Gräsly, #9.2.2).
Kinder:

- Katharina, *17.07.1735 [Gä] in Court.
- Jakob, *03.02.1737 [Gä] in Court.
- Anna Maria, *17.05.1739 [Mü] im Bogental.
- Margaritha, *13.09.1741 [Mü] im Bogental.
- Elisabetha, *15.12.1743 [Mü] im Bogental.
- Magdalena, *10.09.1747 [Mü] im Bogental.

Bemerkungen:
Bein Eheeintrag von 1734 ist als Herkunft von Johann Griner „de Schwartzwald" angegeben.
Im 1738 erstellten Inventar von Micheal Hug (#9.2.2) ist Hans Griner als sein Schwiegersohn
nachgewiesen. 1741 ist er viertgenannter Lehens-Besitzer für die Glashütte im Bogental.
Die Taufe von Magdalena Griner im September 1747 ist der letzte fassbare Taufeintrag für
ein „Glaserkind" im Bogental.

7.3 *Weitere Hinweise auf Griner in Court*

- Ehe 18.10.1666 [We] **Georgius Griner „ex Schwarztwalt" mit Barbara Baschung.**
  Gemäss [BLIND p.46] ist dieses Paar anschliessend von 1668-1678 in Ligsdorf
  nachweisbar.
- Ehepaar **Josef Säger und Katharina Griner**: siehe (#16.2).

8 Habegger

8.1 *Josef Habegger oo Margaretha Spicher*

*06.02.1702 [We] als Sohn von Christen Habegger und Anna Bollinger.
Ehe 02.05.1736 [Gä] mit Margaretha Spicher (*07.08.1712 [We], Eltern: Joseph Spicher und Elisabeth Gräsly, #21.2).
Kinder:
- Josef, *05.02.1738 [Gä] in Court.
- Margaritha, *16.06.1740 [Mü] im Bogental.
- Anna Maria, *13.04.1746 [Mü] im Bogental.

Bemerkungen:
Gemäss Eheeintrag von 1736 [Gä] stammen Josef Habegger und Margaretha Spicher aus der Glashütte von Court.
In den Pfarrbüchern von Welschenrohr und Gänsbrunnen finden sich weitere Angehörige der Familie Habegger (teilweise in der Schreibweise Abegger oder ab Egger).

9 Hug

Die Hug im Kanton Solothurn stammen von einem Glaser **Simon Hug** ab, der 1565 in Gäns-brunnen erstmals als Besitzer der Schafmatt erwähnt ist und dort auch eine erste Glashütte errichtet. Den Standort dieser ersten Glashütte findet man bei [ROTH, p.278]. **Wolfgang Hug**, wahrscheinlich ein Bruder von Simon, erwirbt nach 1575 einen angrenzenden Teil der Schafmatt, den „alt Surinenberg". Diese beiden Vertreter der ersten Hug-Generation in Gänsbrunnen sterben kurz nacheinander: Wolfgang vor 1582 und Simon, der Lehensträger der Glashütte, vor 1585. Der Sohn von Simon Hug, **Urs Hug**[30], verheiratet mit Ursula Saner, wird ab 1597 als Hüttenmeister genannt und erhält, nach verschiedenen Auseinander-setzungen mit dem Rat in Solothurn, 1615 ein neues Hüttenlehen auf der Schafmatt[31]. Nach dem Tod von Urs (†24.07.1628 [We]) übernimmt sein ältester Sohn, **Simon Hug**, verheiratet mit Kunigunde Eggenschwiler, das Lehen für die immer noch auf der Schafmatt stehende Glashütte. Die Teilung des väterlichen Erbes führt zu Streitigkeiten. Simon Hug ist der An-sicht, er habe verschiedene Beschwernisse alleine zu tragen und fühlt sich dadurch benach-teiligt. Am 13.04.1633 setzen die insgesamt sieben Söhne **Simon, Jakob, Wolfgang, Peter, Urs, Ruedi und Hans Jakob Hug** mit einem Notar eine Vereinbarung auf[32]. Die vier Brüder Simon, Jakob, Wolfgang und Peter behalten nun das väterliche Erbe. Urs Hug und die beiden jüngsten Brüder Ruedi und Hans Jakob werden mit einem Betrag von jeweils 500 Pfund ausgekauft. Der Schafmatt-Anteil des verstorbenen Vaters Urs Hug gehört damit den vier erwähnten Brüdern. Am 24.08.1636 [We] stirbt einer dieser vier Brüder an der Pest. Es ist der mit Maria Grandschira verheiratete Glaser Wolfgang Hug. Im Namen der Erben verpachtet danach Klaus Füeg Wolfgangs Schafmatt-Anteil an Peter Pfund (#13.1). In einem Bodenzins-rodel von 1642[33] erscheinen noch „Peter Hug, Wolfgang Hug selig Erben und Simon Hug, seine Brüder", die gemeinsam 3 Pfund an Geld und 2 Käse zu entrichten haben. Wahrschein-

---

[30] Bei [GERBER p.26] wird Urs Hug als Bruder von Simon erwähnt (allerdings ohne Hinweis auf eine Quelle). Dieses Personenverzeichnis (wie auch [ROTH, p.280]) betrachtet hingegen Urs Hug als Sohn von Simon.

[31] Die Glashütte steht 1615 weiterhin auf der Schafmatt, im Rüschgraben wird nur Holz geschlagen. Bei [GERBER p.25 / Fig 14] ist die Hütte von 1615-36 fälschlicherweise im Rüschgraben lokalisiert.

[32] StASO: I+T Welschenrohr 1633/Nr75

[33] StASO: Sentenz Gänsbrunnen mit Verweis auf Schlafrodel fol. 129

lich ist zu diesem Zeitpunkt der vierte Teil von Jakob Hug wieder an seine drei Brüder zurückgefallen.[34]

1636 läuft das Lehen der Hug in der Schafmatt-Glashütte aus. Anstelle von Simon Hug erhält Hans Jakob Böschung das Lehen für eine neue Hütte im benachbarten Rüschgraben, auf Boden der Gemeinde Oberdorf. Mit dieser neuen Situation sind die Hug nicht glücklich. 1638 muss Simon Hug aufgefordert werden, seinen „alten" Lehensbrief an Böschung auszuhändigen[35]. Doch die Hug sehen sich nach neuen Möglichkeiten um. Ihr Wegzug aus Gänsbrunnen erfolgt in Etappen:

o 1642-48 halten sich an einer Glashütte bei F-Raedersdorf **Jakob Hug** und seine Frau Elisabeth Fröhlicher[36] auf. An der gleichen Hütte findet man 1642 auch **Peter Hug** und seine Ehefrau Maria Schmid. Die Hütte wird später von **Urs Hug** geleitet. Während Jakob und Peter zweifelsfrei Brüder von Simon Hug sind, kann es sich bei Urs Hug um den Bruder oder bereits den gleichnamigen Sohn von Simon Hug handeln.

o 1647 erhalten **Peter und Urs Hug** die offizielle Erlaubnis, mit ihrem Vermögen den Kanton Solothurn zu verlassen und in die Pfirt (Ferrette) zu ziehen[37]. Am 6. Juli 1649 findet in Gänsbrunnen eine Gant statt, in der die Güter von Peter Hug versteigert werden. Sein in Herbetswil als Eisenschmelzer tätiger Schwager Gedeon Robischon, verheiratet mit Elisabeth Hug, übernimmt „das Berglein auf Schafmatt, haltend 20 Küh Sömmerung und Winterung". Im Steigerungsdokument[38] erscheint übrigens auch „Andreas Schmid, der Glasshüttenmeister beÿ der Glashütten im Gruomwaldt bei St. Blasi" mit einem Guthaben von 400 Gulden Basler Währung. Ein interessanter Hinweis auf enge Beziehungen der Hug aus Gänsbrunnen mit Glasern im Schwarzwald!

o **Simon Hug** arbeitet zwar weiter an der Hütte im Rüschgraben, doch auch er sieht sich aktiv nach Alternativen um. Jedenfalls wird er 1643 vom Rat in Solothurn nach Oberdorf vorgeladen, Zinsen zu bezahlen, bevor er nach Frankreich oder in eine andere Glashütte als die im Rüschgraben ziehe[39]. Doch Simon bleibt, denn 1649 werden „die Hugen bey der alten Glashütte" mit 500 Pfund bestraft, weil sie ausserhalb ihrer Grenzen Holz schlagen[40].

Als 1651 die Hütte im Rüschgraben definitiv eingestellt wird, besitzt die Familie Hug in Gänsbrunnen noch die Schafmatt-Anteile von Simon Hug und Wolfgang Hug sel. Erben. Trotz diesem ökonomischen Rückhalt suchen die Familienmitglieder weiter nach neuen Arbeitsmöglichkeiten als Glaser. Für Simon Hug wird der Ortswechsel an eine andere Glashütte definitiv, als am 03.08.1656 die Brüder **Viktor, Urs und Hans Jost Hug** gemeinsam mit **Kaspar Gresly und Hans Fröhlicher** die Glashütte St. Pierre bei Lucelle gründen[41]. Hier handelt es sich um einen eigentlichen „Familienbetrieb" mit drei Söhnen und zwei Schwiegersöhnen von Simon Hug. Dieses Unternehmen wird das neue Zentrum der Familie und benötigt sicher auch Kapital. Daher verkaufen am 03.10.1657[42] **Simon**

---

[34] In der Sentenz Gänsbrunnen: „Stammbaum über die Gerbern=Alp" ist der vierte Teil bereits 1620, also vor dem Tod von Urs Hug, einem „Joggi Meyer sel." und 1649 dessen Sohn Hans Meyer zugeordnet, was insgesamt wenig plausibel erscheint. Denkbar wäre allerdings, dass Hans Meyer zwischen 1633 und 1642 den Anteil von Jakob Hug abgekauft hat.

[35] [HUG, p. 38]

[36] Jakob Hug und Elisabeth Fröhlicher taufen von 1631-1636 vier Kinder in Welschenrohr. Am 10.11.1642 sind zwei Taufen im Elsass bekannt [BLIND, p.12]. Am 17.06.1654 [We] wird festgehalten, dass Elisabeth Fröhlicher, Frau des Glasers Jakob Hug „in Pfirt beÿ der Glashütten" gestorben sei.

[37] [MICHEL89, p.47 und p.62]

[38] StASO: G+S Gänsbrunnen 1647/Nr36

[39] StASO: Ratsmanual vom 26.01.1643

[40] [HUG, p. 43]

[41] Urkunde und französische Übersetzung, siehe [BLIND, p.71]

[42] StASO: Gerichtsprotokolle Matzendorf 1624-1665, 3. Oktober 1657, p.514

28

und Viktor Hug, der Sohn, ihren Teil der Schafmatt an Klaus Füeg, den Besitzer des Nachbarhofes.

Simon Hug stirbt am 18.09.1663 [Li] und seine Ehefrau Kunigunde Eggenschwiler am 28.05.1665 [Li]. Beide werden in F-Ligsdorf bestattet[43]. Klaus Füeg ab Schafmatt verkauft übrigens bereits am 4.10.1660 seinen Berg an Adam Stüdeli, zu Handen der Gemeinde Bellach[44]. Der von Simon Hug verkaufte „Berg" wird dadurch auch „Bellacherberg" genannt und ist einige Jahrzehnte später wiederum Eigentum von Glasern. Es handelt sich um die beiden Glasermeister von Court, Michael Hug (# 9.2.2) und Johann Gräsly (#5.1.1). So erstaunt es nicht, dass dieser „Berg" in alten Urkunden häufig auch als „Glaserberg" bezeichnet wird.

Als 1657 auf dem Territorium des Fürstbischofs von Basel und angrenzend an Gänsbrunnen die erste Glashütte von Court/Chaluet gegründet wird, sind die Glaser Hug bereits alle (?) aus Gänsbrunnen weggezogen. In den folgenden Jahren kehren dennoch einige Hug auf die Schafmatt in Gänsbrunnen bzw. an die Glashütte in Court zurück. Als solche „Rückkehrer" lassen sich identifizieren:

- **Peter Hug**. Er erscheint bereits 1655[45] als Gläubiger in der Gant über den Mooswirt Klaus Fluri in Herbetswil. 1666 ist er auch wieder in Gänsbrunnen nachweisbar. Als Joseph und Klaus Rubischung samt Konsorten aus dem Nachlass ihres Vaters Gedeon Rubischung den ursprünglich Peter Hug gehörenden Schafmatt-Anteil an die „Gnädigen Herren und Oberen" in Solothurn verkaufen, wird festgehalten[46]: „In diesem Berg hat Peter Hug ein klein Plätzlein Matten sambt sieben oder acht Fruchtbäumen, so in diesem Kauf nicht begriffen sind". Mit dem Hinweis, dass der an die Solothurner Stadtregierung verkaufte Berg „zwischen Peter Hug und Michael Meyer" liegt, wird zudem klar, dass Peter Hug 1666 nicht nur das „klein Plätzlein Matten" besitzt, sondern inzwischen auch den Schafmatt-Anteil seines 1636 verstorbenen Bruders Wolfgang Hug erworben hat. Peter Hug stirbt am 03.07.1700 [We] etwa 100-jährig. Sein Sohn **Hans Hug** heiratet am 15.05.1688 [We] Anna Christ, eine Tochter von Niklaus Christ auf dem Malsenberg bei Gänsbrunnen. Eine Genealogie zu den Nachfahren dieses Hans Hug findet sich in [HUG, p.38 ff].
- **Viktor Hug**, (#9.1), wahrscheinlich der Sohn von Simon Hug und Mitgründer der Glashütte St. Pierre bei Lucelle.
- **Heinrich Hug** (#9.2) mit den Söhnen Michael und Georg Hug.

Insgesamt sind die bekannten Hug-Informationen noch zu wenig eindeutig und widerspruchsfrei, um daraus eine vollständige Genealogie der „Rückkehrer" ermitteln zu können.

9.1 Viktor Hug oo NN / Maria Mägli

*ca. 1640, wahrscheinlich als Sohn von Simon Hug oo Kunigunde Eggenschwiler,
†14.06.1669 [We], Glaser in Court.
Ehe-1 unbekannt.
Ehe-2 am 18.10.1666 [We] mit Maria Mägli.

---

[43] In [HUG p.37] steht, Simon Hug sei 1636 an der Pest erkrankt und vermutlich im selben Jahr gestorben. Die verschiedenen Erwähnungen von Simon Hug ab 1636 bis zur Bestattung widerlegen diese Vermutung.

[44] StASO: Sentenz Gänsbrunnen, Urkundliche Darstellung der Gerbernalp mit Verweis auf eine Fertigung vom 4. Nov. 1660 in Solothurn.

[45] StASO: Peter Hug fordert 246 Batzen und 8 Kreuzer an geliehenem Geld, samt einem Zins von 7 Pfund und 3 Batzen, sowie für eine Kuh 36 Pfund, 13 Batzend und 8 Kreuzer (G + S Herbetswil, 1655, Nr 44 und 44A).

[46] StASO: Sentenz Gänsbrunnen mit Verweis auf „Raths=Protokoll 1666, fol. 359"

Bemerkungen:
1656 gründen die Brüder Viktor, Urs und Hans Jost Hug (oo 1645 [GN] Margaritha Fluri) gemeinsam mit Kaspar Gresly (oo 19.5.1647 [We] Anna Hug) und Hans Fröhlicher (oo 21.10.1644 [We] Magdalena Hug) die Glashütte St. Pierre bei Lucelle. Mit dem Verkauf des Schafmatt-Anteils von 1657 wird dieser Viktor Hug als Sohn von Simon Hug und Kunigunde Eggenschwiler fassbar.

Dass der „Rückkehrer" Viktor Hug, mit dem Sohn von Simon Hug und Gründer in Lucelle übereinstimmt ist recht wahrscheinlich, vor allem weil um diese Zeit kein anderer Viktor Hug bekannt ist. Die Zuordnung ist aber nicht gesichert.

9.2 Heinrich Hug

*ca. 1635/45?, †16.04.1716 [We, Wittwer Heinrich Hug, Glaser] in Court.
Kinder:
- **Georg**, †27.05.1719 [We], (#9.2.1).
- **Michael**, *ca. 1670, Ehe 14.09.1698 [Ms] mit Anna Gräsly (#9.2.2).

Bemerkungen:
Die Herkunft von Heinrich Hug ist unklar.

Denkbar, aber mit Widersprüchen behaftet ist die Herkunftsvariante (A):
*19.02.1634 [We] als Sohn von Simon Hug und Kunigunde Eggenschwiler (#9).
Ehe-1 ca. 1655 mit Elisabeth Schmid (*03.06.1632, †11.01.1695 [Li], Glashütte Birgmatte). Aus erster Ehe sind von diesem Paar elf Kinder bekannt[47], darunter ein am 16.04.1673 [Li] getaufter Sohn Johann Michael (passend zu #9.2.2). Es fehlen aber Hinweise auf einen Sohn Georg (passend zu #9.2.1).
Ehe-2 am 09.07.1697 [Li] mit Magdalena Schwartz. Zu diesem Paar sind nach der Ehe keine weiteren Informationen bekannt.
Heinrich Hug (gemäss Herkunftsvariante A) könnte nach 1697 (mit seiner 2. Ehefrau und seinem Sohn Michael) nach Court, resp. nach Gänsbrunnen gezogen sein. Bei der Ehe von 1698 wird zu Michael jedenfalls erwähnt, er stamme aus der Pfarrei Welschenrohr. Leider findet sich im lückenhaften Sterbebuch [We] zwischen 1696 und 1716 kein Eintrag für eine Magdalena Schwartz. Hingegen wird am 12.05.1719 [Li] eine „Magdalena Schwartz in der Bürgmatten" in Ligsdorf bestattet. Da Heinrich Hug bei seinem Tod 1716 in Welschenrohr als Wittwer vermerkt ist, kommt diese Magdalena nicht als seine zweite Ehefrau in Frage.

Ohne Widersprüche, dafür weitestgehend offen, ist die Herkunftsvariante (B):
*um 1635/45 als Nachkomme einer anderen Hug-Linie, die wegen den lückenhaften Quellen bisher nicht fassbar ist, z.B. von Peter Hug und Maria Schmid, von Jakob Hug und Elisabeth Fröhlicher oder von einem der Söhne von Simon Hug und Kunigunde Eggenschwiler.
Gemäss Herkunftsvariante (B) sind die Vorfahren von Heinrich Hug wahrscheinlich Glaser aus Gänsbrunnen (ähnlich wie bei Peter Hug *um 1631, Ehe mit Maria Magdalena Schell, #9.3), aber die eindeutige Zuordnung lässt sich heute nicht belegen.

9.2.1 Georg Hug

* als Sohn von Heinrich Hug (#9.2), †27.05.1719 [We], mit Sterbeeintrag „Georgius Hug, vir, filius Henrici et frater[48] Michaelis Hug, vitrari".

---

[47] Angaben zu Kindern und beiden Ehen: siehe [BLIND, p.21]
[48] In [HUG p.49] ist diese Stelle fälschlicherweise mit „pater Michaelis Hug" zitiert.

9.2.2 Michael Hug oo Anna Gräsly / Katharina Kirchhofer

*ca. 1670 als Sohn von Heinrich Hug (#9.2), †28.06.1737 [Be] im Bogental. Glaser.
Ehe-1: 14.09.1698 [Ms] in Mariastein mit Anna Gräsly (*um 1675, als Tochter von Michael
Gräsly und Elisabeth Hug, #5.1, †04.10.1732 [Gä] in Court).
Ehe-2: um 1734? mit Katharina Kilchwechteri? (Kirchhofer?), die im Inventar von 1738 als
des Verstorbenen letzte Frau genannt wird. In [Gä] ist ab 1734 mehrfach eine „Catharina
Kirchoffer" als Patin erwähnt.

Kinder aus erster Ehe:

- **Johann Georg**, *um1699, Ehe 16.06.1721 [Gä] mit **Ursula Rotha** (#9.2.2.1).
- **Michael,** *um 1700, Firmung 1704 [We],
  Ehe 16.06.1721 [Gä] mit **Anna Maria Rotha** (#9.2.2.2).
- **Anna Maria**, *16.01.1701 [We], Firmung 1709 [We], †27.05.1725 [Gä].
  Kinderlose Ehe mit **Josef Allemann** (#1.6), daher auch im Inventar des Vaters von 1738
  nicht mehr erwähnt.
- Elisabeth, *09.02.1702 [We], †vor 1738 (im Inventar nicht erwähnt).
- Georg, *13.01.1704 [We], Firmung 1716 [We] in Solothurn, †vor 1738 (im Inventar nicht
  erwähnt).
- **Agnes**, *08.11.1705 [We], Ehe 12.01.1733 [Gä] mit **Ignaz Zuenzingen** (Gunzinger?) aus
  La Joyue (Lajoux JU) bei Bellelay. Zu diesem Paar 4 Taufen [Gä] bis 1737.
- Peter Anton, *18.01.1708 [We], †vor 1738 (im Inventar nicht erwähnt).
- **Margaretha**, *23.12.1709 [We], Firmung 1718 [We] in Solothurn, Ehe 11.10.1734 [Gä]
  mit **Johann Griner** (#7.1).

Bemerkungen:
Angeblich stammt Michael Hug aus Soubey JU, Glashütte Lobschez[49]. Der Eheeintrag von
1698 „Joan Michael Hug Juvenis et Virg pud: Anna Greslÿ ex Parochia Rhor" legt jedoch
nahe, dass beide Personen zumindest einige Zeit vor der Ehe zur Pfarrei Rohr (=Welschen-
rohr) gehören und somit auch in Court oder Gänsbrunnen leben. 1699 ist Michael Hug
Lehensnehmer mit einem Platz an der 3. Glashütte von Court. 1714 gehören Michael Hug und
Johann Gräsly (#5.1.1) insgesamt 7 von 10 Plätzen der 4. Glashütte von Court.
1717 versetzen (belehnen) „Michael Hug von Welschenrohr und Jakob Grässli aus der
Glashütte" den "Bellerberg" in Gänsbrunnen (einen Teil der ursprünglichen Schafmatt, von
1660 bis 1688 im Besitz der Gemeinde Bellach, daher wohl eher "Belcher Berg" resp.
„Bellacher Berg"). Den halben Anteil von Michael Hug hat Anna Gräsly in die Ehe
eingebracht (#5.1). 1723, 1735 und 1737 nimmt „Michael Hug, Glasermeister in der
Courterhütte" weitere Belehnungen auf diesem „halben Berg" vor. Die letzten beiden
Belehnungen dienen wahrscheinlich zum Aufbau der neuen Glashütte im Bogental, für die
Michael Hug bereits 1730 mit dem Spital Basel einen auf 1. Mai 1735 anzutretenden
Lehensvertrag vereinbaren kann. Der Aufbau dieser neuen Glashütte geschieht noch unter der
Leitung von Michael Hug. Erst nach seinem Tod erfolgt die eigentliche Produktionsaufnahme
im Bogental. Diese neue Glashütte leitet anfänglich sein Sohn Johann Georg[50].
Im Pfarrbuch Beinwil ist zu Michael Hug im Sterbeeintrag vom 28.06.1737 festgehalten „Der
alt Glaser auss dem Bogenthall". Auch das Inventar[51] spricht von „Michael Hug seel,
gewester Glaser in dem Bogenthal". In diesem Dokument sind zu Michael Hug auch Anna
Grässli seel und Catharina Kilchwerchteri? als Ehefrauen, Hans Georg Hug als dessen Sohn,

---

[49] Hinweis in [GERBER p.28], allerdings ohne Quellenangabe.
[50] Ergänzende Angaben und Quellenverweise zur Glashütte im Bogental: siehe [FLURI/GROLIMUND]
[51] StASO: I+T Mümliswil 1738/Nr47

sowie die Töchter Agnes Hug mit Ehemann Ignati Gunzinger und Margrith Hug mit Ehemann
Hans Griner erwähnt.

In der am 16. Juni und 8. Nov 1739 abgehaltenen Gant über „Michael Hug sel. gewesener
Glasermeister zu Court" erwirbt Klaus Fluri von Gänsbrunnen für 3900 Gulden den ganzen
Berg, „davon der halbe Theil Johann Grässli des Meyers Kinder gehörig"[52].

9.2.2.1 Johann Georg Hug oo Ursula Rotha

*um 1699, Eltern: Michael Hug und Anna Gräsly (#9.2.2), †28.08.1775 [GN] in F-Arzviller,
Glaser.
Ehe 16.06.1721 [Gä] mit Ursula Rotha aus Grenchen (*vor 1700, Eltern: Johann Rotha und
Elisabeth Bringhia(?), †21.04.1778 [GN] in F-Arzviller).
Kinder:

- **Johann Georg**, *02.04.1722 [Gä] in Court, gem. Notariatsprotokoll 1779 mit
  unbekanntem Aufenthalt.

- Johann **Meinrad**, *15.01.1726 [Gä], in Court, †01.02.1815 [GN] in F-St. Quirin, Glaser,
  Ehe 18.02.1760 [GN] in F-Arzviller mit **Madeleine Westerman** †01.02.1815 [GN] in F-
  St. Quirin. 6 Kinder.

- Jakob Josef, *25.07.1727 [Gä] in Court, †nach 1727 [Gä, Eintrag † im Taufbuch].

- **Maria Ursula**, * 13.03.1729 [Gä] in Court,
  Ehe 11.07.1752 [GN] in F-Arzviller mit **Jean Feuerholtz.**

- Johann **Michael**, *15.04.1731 [Gä] in Court, †07.04.1778 [GN]] in F-Arzviller. Glaser in
  der Glashütte Lettenbach, Ehe 18.08.1760 [GN] in F-Arzviller mit **Elisabeth Nouvier**,
  *um 1734, †12.12.1798 [GN] in F-Arzviller. 8 Kinder.

- Franz **Peter**, *15.04.1731 [Gä] in Court, †1811 [GN]] in F-Arzviller. Glaser in der
  Glashütte Lettenbach, Ehe 14.11.1758 [GN] in F-Arzviller mit **Elisabeth Reheis**, *1732,
  †1820 [GN].

- Urs Ignaz Meinrad, *08.03.1733 [Gä] in Court.

- Anna Maria, *24.07.1735 [Gä] in Court.

- Katharina, *03.03.1737 [Gä] in Court.

- **Franz**, *26.08.1738 [Be] im Bogental, 1739 Glaser in St. Quirin, †nach 1779.

Bemerkungen:
Beim Eheeintrag von 1721 heisst es, Johann Georg Hug stamme „ab Schafmatt". Für
Hinweise zur Familie der Ehefrau, siehe #9.2.2.2.
Johann Georg Hug ist ab 1721 in Court und anschliessend auch im Bogental als Glaser nach-
gewiesen. Am 4. Juli 1736 unterzeichnet er gemeinsam mit seinem Vater Michael ein
Schreiben an den Rat von Basel wegen Behinderungen rund um die neue Glashütte im Bogen-
tal. Nach dem Tod des Vaters und der Versteigerung des „Bellacherbergs" auf der Schafmatt
bei Gänsbrunnen, fehlen Hans Georg Hug die finanziellen Mittel für den Weiterbetrieb der
Glashütte im Bogental. Im August 1740 heisst es gar, er habe sich aus dem Staub gemacht.
1741 unterzeichnen Jakob Gräsly (#5.1.1.1), Peter Gräsly (#5.1.1.2), Josef Enderlin (# 3.1),
Johann Griner (#7.2) und Friedrich Mueltener (#11.1) eine neue Lehensvereinbarung und
führen die Glashütte im Bogental bis 1747 weiter.[53]

Die Familie von Hans Georg Hug wird um 1752 wieder fassbar, jetzt als Glaser im französischen St. Quirin. In einem späteren, nach dem Tod von Jean Georg und Ursula Hug-Rotha

---

[52] StASO: G+S Gänsbrunnen 1739/Nr8
[53] Ergänzende Angaben und Quellenverweise zur Glashütte im Bogental: siehe [FLURI/GROLIMUND]

erstellten Notariatsprotokoll vom 14.08.1779 in St. Quirin erklären "Michel Huges, Pierre Hug, Meinrade Hug et François Hug, tous quatre frères ouvriers des verreries Royales dudit St. Quirin et fils de Jean George Hug et d'Ursule Roda" dass ihr Bruder Jean George Hug im Alter von ca. 18 Jahren die Glashütte „de Boguendal paroisse de Paybelle au canton de Soleure en Suisse" verlassen hat. «Paybelle» ist hier aus «Beibel» entstanden, der umgangssprachlichen Bezeichnung für Beinwil.

9.2.2.2 Michael Hug oo Anna Maria Rotha / Anna Schild

*um 1700, †02.05.1730 [Gä]. Glaser in Court.
Ehe-1: 16.06.1721 [Gä] mit Anna Maria Rotha (*28.08.1705 [Gr], Eltern: Johann Rotha und Elisabeth Bringhia(?), †02.11.1725 [Gä]).
Ehe-2: 03.02.1728 [Gä] mit Anna Schült (Schild) aus Grenchen.
Kinder aus 1. Ehe:

- Urs Michael, *03.09.1722 [Gä] in Court, vermutlich als Kind gestorben.
- Anna Maria, *11.01.1724 [Gä] in Court, vermutlich als Kind gestorben.
- Maria Anna, *01.11.1725 [Gä] in Court, vermutlich als Kind gestorben.

Bemerkungen:
Die Ehe von 1721 findet als Doppelhochzeit mit den Geschwistern Johann Georg Hug und Ursula Rotha statt.
Bei Ursula Rotha (#9.2.2.1) handelt es sich um eine ältere Schwester von Anna Maria und Margaretha Rotha (#5.1.1.2). Ihre Eltern Johann Rotha (Rotta) und Elisabeth Bringhia(?) sind von 1702-1714 in Grenchen nachweisbar mit der Taufe von insgesamt sechs Kindern. Die letzte Taufe in Grenchen (*14.01.1714 [Gr] Maria Joanna Rotta) hat möglicherweise einen Bezug zum Eheeintrag 05.05.1739 [Be], wo Adam Saner aus Beinwil „Joanna Rotta vulgo auss dem Boymthall oder Glasshitten" heiratet („Boymthall oder Glasshitten" = heutiges Baumtal bei Münsingen, Baden-Würtemberg, Deutschland).
Nach dem frühen Tod ihrer Eltern fehlen weitere Angaben zu den drei Kindern Urs Michael, Anna Maria und Maria Anna Hug. Da 1738 im Inventar ihres Grossvaters Michael Hug (#9.2.2) keine erbberechtigte Enkel erwähnt sind, ist anzunehmen, dass alle drei bereits im Kindesalter verstorben sind.

9.3 Weitere Hinweise auf Hug in Court

- Sterbeeintrag 07.01.1682 [We]: „honestus et probus juvenis".**Urs Hug**, Glaser.
- Am 05.11.1668 [We] heiraten **Johann Jakob Hug und Ursula Tomentinger(?)**. Zu diesem Paar sind keine weiteren Hinweise bekannt.
  Am 17.02.1679 [We] wird der alte Mann (senex) Christianus Thomenkinger? beigesetzt, mit Berufsangabe „Schürer in der Glashütte". Eventuell handelt sich hier um den Vater oder Grossvater der Ehefrau.
- Zum Paar **Johann Hug und Maria Müller** existiert der Eheeintrag vom 24.07.1673 [We] „juvenis Joannes Hug cum pudica virg. Maria Müllerin ex vitrina".
- Der Glaser **Jakob Hug und seine Ehefrau Maria Tanner** sind in Court nur nachweisbar mit der Taufe des Sohnes Joseph, *13.03.1712 [We].
  Diesen Jakob Hug identifiziert [MICHEL99, p.112] als Sohn des Glasers **Peter Hug** (*um 1631 auf der Schafmatt? †25.08.1711 in der Glashütte F-Bief-d'Etoz) und Maria Magdalena Schell (†nach 1713).

10 Monnin (Moning)

Ein Glaser Claudi Monnin aus Pieterlen bei Biel ist 1597[54] erwähnt mit Johann Dürschmid und Niklaus Wäber (Weber) aus Mattstetten bei Burgdorf BE, den Konzessionären für die „Bieler Hutte" bei La Heutte BE.

Der untenstehende Glaser Benedikt Monnin kommt als Sohn oder naher Verwandter dieses Claudi in Frage. Auch die am 01.12.1633 [We] in Welschenrohr geschlossene Ehe zwischen „Hans Monj" und „Barbara Meisterin" passt zur Glaserfamilie Monnin, denn Trauzeugen sind die Glaser Stephan Fluri (#4.1), Wolf[gang] Hug und Heinrich Enger.

10.1 Benedikt Monnin oo NN Fluri

Der Glaser Benedikt (Bentz) Monnin stammt aus Bözingen[55] (frz. Boujean). Diese Gemeinde ist seit 1917 Teil der Stadt Biel. Als Schwiegersohn[56] von Germain Fluri (#4.2) und Onkel[57] von „Christoffel Flury" (#4.2.1) gehört er zum massgeblichen Familienverbund Weber-Flury an der „Bieler Hütte".

1657 ist Monnin Vorsteher der ersten Glashütte von Court. 1663-65[58] und 1669[59] ist er dort in mehreren Notariatsakten fassbar. Ein Gesuch der katholischen Glaser führt dazu, dass 1673 der Fürstbischof von Basel den Protestanten Monnin für die zweite Hütte von Court nicht mehr als Lehensnehmer einsetzt. Benedikt Monnin verlässt anschliessend Court. Es gibt keine eindeutigen Hinweise, wohin er danach gezogen ist.

11 Mueltener

11.1 Friedrich Mueltener oo Anna Maria Spicher

*um 1700, in Court. Glaser in Court, später im Bogental.
Ehe 28.08.1730 [Gä] mit Anna Maria Spicher, beide aus der Glashütte in Court.
Kinder:

- Joseph Jakob, *21.10.1731 [Gä] in Court.
- Jakob Friedrich, *06.10.1734 [Gä] in Court.
- Anna Maria, *01.11.1737 [Gä] in Court.
- Elisabeth, *23.04.1740 [Mü] im Bogental.
- Margaritha, *15.07.1743 [Mü] im Bogental.
- Anton, *08.06.1746 [Mü] im Bogental.

Bemerkungen:
Zum Familienname trifft man viele unterschiedliche Schreibweisen an (Mueltener, Mueltmer, Muhlter, Muoltener). 1741 ist Friedrich (Friedli) Mueltener fünftgenannter Lehens-Besitzer für die Glashütte im Bogental.

---

[54] [MICHEL89, p.46]
[55] [Schwab30, p.5] und diverse Notariatsakten im AAEB.
[56] [MICHEL89, p.388]
[57] Notizen Gobat, mit Verweis auf AAEB, Notaire Pierre Sauvier?, 28.11.1658 in La Heutte.
[58] Notizen Gobat, mit Verweis auf AAEB, Notaire Jean Moschard? am 16.04.1664, 02.03.1665 und 18.09.1665
[59] Notizen Gobat, mit Verweis auf AAEB, Notaire F. Jente? am 14.10.1669

11.2 Weitere Hinweise auf Mueltener in Court

16.04.1729 [Gä] stirbt **Fridolin Mueltener**, „uxoratus". Dieser Fridolin könnte der Vater von Friederich (#11.1), Anna Maria und Katharina Mueltener (#20.4) sein.
24.07.1735 [Gä]: **Anna Maria Mueltener** ist Taufpatin bei Johann Georg Hug (#P1.1.8).
06.12.1740 [Mü]: **Katharina Mueltener und Josef Sigwart** (#20.4) taufen einen Sohn Josef.

12 Müller

12.1 Johann Müller oo Katharina Hug

Ehe 07.06.1666 [We]. *Keine weiteren Angaben.*

12.2 Johann Georg Müller oo Barbara Mägli

Ehe 18.10.1666 [We]. *Keine weiteren Angaben.*

12.3 Johann Heinrich Müller

†09.02.1675 [We] mit dem Hinweis „ingenius Juvenis, Ludimoderator in der Glashütte".
Der Junggeselle Johann Heinrich Müller hat somit als Lehrer in der Glashütte gearbeitet.

12.4 Weitere Hinweise auf Müller in Court

Ehe 19.01.1671 [We]: Anna Müller aus der Glashütte mit Urs Allemann
und Ehe 15.06.1680 [We]: Wittwe Anna Müller mit Jakob Allemann (#1.5).
Ehe 24.07.1673 [We]: Maria Müller aus der Glashütte mit Johann Hug (#9.3).
Ehe 1705 [We]: Wittwe Barbara Müller mit Ruodi Schell (#17.2).

13 Pfund

13.1 Peter Pfund oo NN / Anna Allemann

Die Familie Pfund wird 1638/1641 in Gänsbrunnen auf dem Gebiet der ehemaligen Schafmatt fassbar. Nach dem Tod von Wolfgang Hug am 24.08.1636 (siehe Einleitung in #9) verleiht 1636/1641 Klaus Füeg, im Namen von Hug Wolfgang sel. Kindern, an **Peter Pfund,** gebürtig von Weissenburg, Kanten Bern, den „Berg bei der alten Glashütte, stosst gegen Mitternacht an die Wallenmatt"[60].
2. Ehe am 26.02.1660 [We] „honestus et insuper viduus Petrus Pfund ex Ehrlenbach cum pudica virgine Anna Allemann ex Schafmatt". Kinder sind nicht bekannt (Lücke im Taufbuch Welschenrohr).

Bemerkungen:
Mit den beiden Herkunftsangaben stammt Peter Pfund aus der Gegend Weissenburg – Erlenbach im Simmental (Kanton Bern).
Bei Moritz Pfund, *um 1647 (#13.2) dürfte es sich um einen Sohn von Peter handeln.

---

[60] StASO: Lehenbriefe Kanton und innere Vogteien 1535-1715

Im Dünnerntal gibt es weitere Hinweise zum Familiennamen Pfund:

a) Peter Pfund oo Clara Diemj (Diemand)
Kinder:
- Madle, *03.10.1668 [Ma].
- Maria, *30.09.1673 [Ma, mit Ortsangabe „Schmidenmatt" ob Herbetswil].

Da Peter Pfund (#13.1) aus dem Simmental im Jahr 1660 als Wittwer eine Anna Allemann geheiratet hat und der Name Pfund sonst in der Region nicht bekannt ist, könnte es sich hier um Taufen eines gleichnamigen Sohnes handeln.

b) Hans Pfund oo Elsbeth Meyer
Kinder:
- Hans, *02.04.1673 [Ma].
- Elsbeth, *01.02.1675 [Ma].

Aufgrund der Jahresangaben ist es plausibel, Peter Pfund-Diemand, Hans Pfund-Meyer und Moritz Pfund-Hug (#13.2) als Söhne aus erster Ehe von Peter Pfund (#13.1) zu betrachten.

Ausserhalb des Dünnerntals taufen **Jakob Pfund und Maria Wulli** am 02.02.1664 [Li] in Ligsdorf eine Tochter Anna Maria. Taufpaten sind „Heinrius Hug" und Anna Hug, was auf eine Nähe zur Glaserfamilie Hug schliessen lässt. Weitere Kinder dieses Paares sind Christian *10.12.1665 [Li] und Niklaus *20.09.1669 [Li].

13.2 Moritz Pfund oo Maria Magdalena Hug

*um 1647, wahrscheinlich als Sohn von Peter Pfund aus dem Simmental (#13.1), †02.10.1747 [Ma, in Herbetswil „beim Hammer"].
Ehe 16.05.1670 [We] mit Maria Magdalena Hug (*um 1650).
Kinder:
- **Urs,** *ca. 1682, Ehe vor 1710 mit **Maria Rubischung** (#13.2.1).
- **Barbara,** *ca. 1685, Ehe am 24.04.1705 [We] mit **Christof Häfeli** aus Mümliswil.
- **Anna,** (1711 verkauft Anna Pfund ihrem Bruder Urs Pfund Haus & Garten[61]).
- **Peter ?** („Glaser Peter", #13.2.2).

Bemerkungen:
1705 heisst es im Eheeintrag der Tochter Barbara: „Christophorus Häfelin ex Mümliswil et pudica virgo Barbara Pfundt, filia Mauriti ab dem Gellwald". Somit dürfte sich die Familie von Moritz Pfund zu dieser Zeit im Gellwald (im westlichen Teil der Gemeinde Gänsbrunnen oder im Gebiet „Chaluet" in der Gemeinde Court) aufgehalten haben.
1747: Todeseintrag in Herbetswil „wohl hundert jährig". Moritz ist wahrscheinlich mit seinem Sohn Urs und weiteren Familienmitgliedern um 1715 nach Herbetswil auf den heutigen „Pfundhof" gezogen. Diesen Hof hat Urs Pfund vermutlich 1711 von seiner Schwester Anna erworben.

---

[61] StASO: Gerichtsprotokolle Balsthal 1711/p.490

13.2.1   Urs Pfund oo Maria Rubischung / Elisabeth Jeker

*ca. 1682, Eltern: Moritz Pfund und Maria Magdalena Hug (#13.2),
†02.12.1747 [Ma, 65 jährig].
Ehe-1: vor 1710 mit Maria Rubischung (*um 1685/90, †30.03.1721 [Ma] in Herbetswil).
Ehe-2: 28.08.1724 [Ma, in Mariastein] mit Elisabeth Jeker , †18.04.1768 [Ma] in Herbetswil.
Kinder aus erster Ehe:
- **Margreth**, *17.01.1710 [We], †15.07.1769 [Ma], Taufpaten von Margreth sind Johann
  Grässly (#5.1.1) und Margreth Schell (#18.1) aus der Glashütte von Court.
  Ehe 14.07.1732 [Ma] mit **Johann Jakob Fluri** von Herbetswil.
- **Michael**, *25.01.1712 [We], †19.04.1751 [Ma, „Herbetswil"].
- Maria **Eva**, *04.03.1716 [Ma], Ehe 28.05.1735 [Ma] mit **Urs Gasser** aus Laupersdorf.
Kinder aus zweiter Ehe:
- **Johann**, *10.06.1725 [Ma], †19.03.1749 [Ma, „Hammer" bei Herbetswil].
- Johann **Jakob**, *30.03.1727 [Ma], †18.06.1749 [Ma, „Hammer" bei Herbetswil].
- **Urs**, *07.08.1729 [Ma], Ehe am 20.09.1756 [Ma, in Oberdorf] mit **Anna Maria Walker**
  aus Oberdorf. Das Paar tauft am 07.09.1757 [Ma] einen Sohnes Urs Joseph in Herbetswil.
- **Urs Joseph**, *31.08.1732 [Ma], Ehe 17.01.1780 [Ma, in Oberdorf] mit **Barbara Stölli** aus
  Bettlach. Die Kinder dieses Paares sind im Pfarrbuch [Ma] mehrheitlich mit Ortsangabe
  „Herbetswil, beim Hammer" festgehalten.
- **Urs Georg**, *20.03.1737 [Ma], †30.12.1754 [Ma, „vom Hammer" bei Herbetswil].

Bemerkungen:
Urs Pfund (#13.2.1) ist am 06.12.1709 [We] Taufpate. Beim Todeseintrag von 1747 wird er
als Sohn von Moritz Pfund (#13.2) erwähnt.
Die Nachkommen von Urs Pfund gelten als Bürger von Herbetswil.

13.2.2   Peter Pfund («Glaser Peter») oo Katharina NN

Eltern: wahrscheinlich Moritz Pfund und Maria Magdalena Hug (#13.2).
†nach 1718/vor 1739.
Ehe mit Katharina NN.
Kinder:
- sind nicht namentlich bekannt.

Bemerkungen:
Peter Pfund erscheint von 1704 bis 1713 im Firmbuch [We] und Taufbuch [We] mehrfach als
Pate, am 23.12.1709 mit dem Hinweis „vitra ferar".
1715 gibt Peter Pfund an Michael Hug (#9.2.2) eine Darlehen von 100 Gulden und 1717 an
Michael Hug und Johann Gräsly (#5.1.1) ein weiteres Darlehen von total 700 Gulden. Die
Obligationen dienen zum Aufbau der vierten Glashütte in Court. Diese Gelder werden über
Jahre nicht zurückbezahlt und werden 1739/40 von „Peter Hug seel. Wittib undt Erben"
eingefordert[62].
1717 schuldet „Peter Pfund der Glaser Peter" im Inventar von Hans Fluri aus Herbetswil zwei
Gulden[63].
Anlässlich der Firmung 1718 [We] in Solothurn von Katharina Hug (Tochter von Michael
Hug, #9.2.2) ist als Firmpatin „Catharina, uxor Petri Pfundt" erwähnt.

---

[62] StASO: G+S Gänsbrunnen 1739/Nr 8 (Hug Michael) und I+T Gänsbrunnen 1740/Nr 18 (Gräsly Johann).
[63] StASO: I+T Herbetswil 1717/Nr 62

14 Raspiller (Rastbieler)

14.1 Peter Raspiller oo Elisabeth Sigwart

*17.02.1666 [GN] in Soubey JU als Sohn von Germain Raspiller. Sicher ab 1697 Glaser in Court, später in F-Plancher-Bas, dort †15.12.1739 [GN].
Ehe 26.11.1685 [GN] in Soubey mit Elisabeth Sigwart (Eltern: wahrscheinlich Adam Sigwart und Anna Maria Fluri, #20.2).
Kinder:
- Peter, Firmung 1704 [We].
- Elisabeth, Firmung 1704 [We].
- Johann, *02.10.1701 [We].
- Viktor,*08.09.1704 [We].

Bemerkungen:
Gemäss [MICHEL89 p.450] stammt Peter Raspiller aus der Glashütte Lobschez. Er ist bereits 1697 in Court nachweisbar[64]. In der dritten Courter Glashütte (1699) zeichnet Peter Raspiller als Pächter mit einem Platz. Es ist denkbar, dass er diesen Platz von seinem Schwiegervater(?) Adam Sigwart übernommen hat.

14.2 Joseph Raspiller oo Barbara Rubischung

*um 1667 [GN] in Soubey (Sohn von Germain und Bruder von Peter Raspiller #14.1).
Ehe 25.08.1698 in F-Fesservillers mit Barbara Rubischung (Tochter von Johann Rubischung und Margaretha Thüeler #15.1).

Bemerkungen
Vertrag vom 16.08.1698[65]: „Joseph Raspiller (fils de Germain Raschepier verrier en la verrerie dit la Caborne, assisté par ses frères Jean Jaques et Pierre #14.1) oo Barbelle fille de Jean Robichon (assisté par son beau-frère Johannes Greselet maire et maître verrerie de Court) …"
In den Pfarrbüchern [We] und [Gä] finden sich keine Hinweise, dass Joseph Raspiller und seine Ehefrau an der Glashütte Court geblieben sind.

14.3 Weitere Hinweise auf Raspiller in Court

- **Annelet Raspiller**, eine Schwester von Peter Raspiller (#14.1) ist die dritte Ehefrau von Johann Rubischung (#15.1).
- Am 05.06.1703 [We] stirbt „virgo **Margaretha Rastbieleri** ex vitrina". Margaretha könnte eine Schwester von Peter Raspiller (#14.1) sein.
- Das Paar **Franz Peter Raspiller und Mara Barbara Gigon** ist in Court fassbar mit der Taufe des Sohnes Franz Josef, *13.10.1731 [Gä].
  Franz Raspiller ist am 15.08.1731 [Gä] auch Taufpate. Vom Alter her kommt er als Sohn von Peter Raspiller und Elisabeth Sigwart in Frage (#14.1).

---

[64] [GERBER p.28; Vermerk 41 mit Verweis auf AAEB, Notaire Jean Faigaux 16.04.1697]
[65] Notizen Gobat, mit Verweis auf AAEB, Notaire Jean Faigaux

15 Rubischung (Robichon)

Die Glaserfamilie Rubischung (Robichon, Rubitschung) hat ihre Wurzeln bei einem **Jacques Robichon**, der um 1552 in den Schweizer Jura kommt und seit 1555 als Eisenschmelzer und Hammerschmied in Herbetswil SO in Erscheinung tritt. Drei seiner Söhne bleiben dem Eisenhandwerk treu. **Hans Rubischung**, ein vierter Sohn, ist dagegen ab 1585 als Hüttenmeister an der Glashütte Schafmatt in Gänsbrunnen nachweisbar. Er führt die Schafmatt-Hütte nach dem Tod von Simon Hug, bis dessen Sohn Urs Hug-Saner (#9) das Lehen weiterführen kann. Danach zieht er aus Gänsbrunnen weg und 1608[66] ist sein Aufenthaltsort unbekannt. Das äusserst lesenswerte Buch von [ROTH] enthält eine umfassende Genealogie zu den Eisenschmelzern Rubischung/Robichon samt den Nachfahren von Hans Rubischung in der Glasindustrie. Auch [MICHEL99] und [BLIND] befassen sich ausgiebig mit Nachkommen dieses Hüttenmeisters Hans Rubischung, die in Frankreich wieder mit dem ursprünglichen Namen Robichon anzutreffen sind.

15.1 Johann Rubischung oo Magdalena Hug / Margaretha Thüler / Anna Raspiller

*25.02.1633 [We] in Gänsbrunnen, Eltern: (Johann) Ulrich Rubischung und Anna Grossmutter (Muot), † zwischen Sept 1696 und April 1797 in Court.
Ehe-1 am 18.10.1666 [We] mit Magdalena Hug (*nach 1640, †26.04.1673 [We] in Court).
Ehe-2 am 30.07.1673 [We] mit Margaretha Thüler/Tueller (*um 1646, von Eschert BE).
Ehe-3 um 1680/90 mit Anna („Annelet") Raspiller.
Kinder aus erster Ehe:
- Anna **Maria**, *nach 1666.
  Wahrscheinlich Ehe am 22.10.1687 [We] mit **Adam Sigwart** (#20.3).
- zwei weitere Kinder sind vor 1697 verstorben.

Kinder aus zweiter Ehe:
- **Margaretha**, *um 1674, Ehe um 1693/95 mit **Johann Gräsly** (#5.1.1),
  1704 Firmung [We; nach der Ehe!].
- Franziska **Barbara**, *um 1675, Ehe am 25.08.1698 in F-Fesservillers mit **Joseph Raspiller** (#14.2).
- Zwei weitere Kinder sind vor 1697 verstorben.

Kinder aus dritter Ehe:
- Zwei Kinder, beide sind vor 1697 verstorben.

Bemerkungen
Gemäss [ROTH p.285 und p.339, G4.2] ist Johanns Vater, der Glaser (Johann) Ulrich Rubischung, ein Enkel des einleitend (#15) genannten Hüttenmeisters Hans Rubischung. Wahrscheinlich hat der 1633 geborene Johann Rubischung das Glaserhandwerk noch in der 1651 geschlossenen Rüschgraben-Hütte erlernt. 1657 ist Johann Rubischung Lehensnehmer der ersten Glashütte von Court. Bei der zweiten Glashütte von 1673 ist er zusätzlich Vorsteher (maire). Die in [ROTH] festgehaltenen Vorfahren von Johann Rubischung scheinen plausibel, hingegen zeigt sich mit den nachstehenden Notariatsprotokollen, dass die in [ROTH] erwähnten Ehen und Nachkommen nur teilweise zutreffen.
15.09.1696: Der gesundheitlich angeschlagene Johann Rubischung regelt seinen Nachlass[67].
Erwähnt sind drei Kinder aus erster Ehe (zwei verstorben, dann **Marie** mit Niklaus Allemann

---

[66] [ROTH, p.282, mit Verweis auf StASO: Missiven 1608, Seite 23]
[67] Notizen Gobat mit Verweis auf AAEB Notaire Jean Faigaux und dem Hinweis, dass eine Kopie dieser
   Regelung am 2.6.1733 bei den Akten zur Tochter Barbelet zu finden sei.

von der Schafmatt in Gänsbrunnen als Beistand), vier Kinder aus zweiter Ehe (zwei nach dem Tod der Mutter verstorben, zwei leben beim Vater) und zwei Kinder aus dritter Ehe mit der noch lebenden Ehefrau „Annelet" (beide Kinder bereits verstorben).

28.04.1697: „Johannes Graiselet, maitre verrier en la verrerie de Court oo **Marguerite**, et **Barbellet** fille de Jean Robichon maitre verrier en ledite verrière (assisté par son oncle et tuteur Joseph Tueller musnier sous les Rives d'Eschers), et **Annellet** relicte de †ledit Jean Robichon" nehmen die Teilung der Güter von Johann Rubischon vor[68] (dies nach Abschluss einer Vereinbarung mit Maria Rubischung, der Tochter aus erster Ehe).

16.08.1698 (Ehevertrag)[69]: „Joseph Raspiller oo Barbellet aident à leur beau-frère Johannes Greselet maire et maître verrerie de Court et à sa soeur Annelet veuve de Jean Robichon ...". Damit heisst die die dritte Ehefrau „Annelet" wahrscheinlich Anna Raspiller und ist eine Schwester von Joseph Raspiller (#14.2).

16 Säger

16.1 Johann Jakob Säger oo Katharina Gräsly

*um 1670 (evtl. 20.09.1673 [Li] als Sohn von Johann Säger), †10.03.1711 [We], Holzermeister. Ehe 10.10.1694 [Lu] in Lucelle mit Katharina Gräsly (†05.07.1732 [Gä] in Court).

Kinder:

- **Anna** *vor 1700, Ehe 14.02.1724 [Gä] mit **Anton Wolf** (#22.1).
- **Kunigunde**, *vor 1700, Ehe 28.01.1726 [Gä] mit **Josef Zengerli** (#23.1).
- **Michael**, *21.11.1700 [We] in Court, Firmung 1716 [Gä] in Solothurn. Michael Säger ist am 07.11.1728 [Gä] Taufpate bei Michael Wolf (#22.1).
- **Josef**, *18.11.1703 [We] in Court, Ehe mit **Katharina Griner** (#16.2).
- **Margaretha**, *18.04.1706 [We] in Court, Ehe 27.07.1734 [Gä] mit **Jodok Schmid** (#18.7).
- Anna **Elisabeth**, *29.04.1708 [We] in Court. Elisabeth ist 1724 Trauzeugin bei der Ehe ihrer Schwester Anna.
- **Katharina**, *19.10.1710 [We] in Court, Firmung 1718 [Gä] in Solothurn. Ehe 05.05.1738 [Gä] mit **Peter Fluri** „ex Willer" (wahrscheinlich aus Envelier/Vermues JU).

Bemerkungen:
Gemäss Eheeintrag von 1694 stammt Katharina Gräsly aus der Glashütte in Lucelle. In [Li] finden sich einige Säger/Seger, die einen Bezug zur Glashütte in Lucelle besitzen. Beim Todeseintrag von Johann Jakob Säger in Welschenrohr steht „Magister Lignis".

16.2 Josef Säger oo Katharina Griner

*18.11.1703 [We], Eltern: Johann Jakob Säger und Katharina Gräsly (#16.1). Ehe um 1725 mit Katharina Griner.

Kinder:

- Josef, *10.01.1726 [Gä].
- Peter, *Juli 1732 [Gä].

Bemerkungen:
Bei der Taufe von 1726 wird Katharina Griner als „convertita" erwähnt.

---

17 Schell

17.1 Johann Schell oo Elisabeth Mägli

*um 1635, †vor 1699 in Court. Ehe 09.02.1662 [We] mit Elisabeth Mägli von Welschenrohr (*um 1640, †12.05.1705 [Gä] in Court).

Kinder:

- **(Hans) Adam ?**, *um 1663, Ehe um 1695 mit Maria Fröhlicher (#17.1.1).
- **Margaretha?** *um 1665. Ehe am 30.08.1687 [We] mit Johann Jakob Schmid (#18.1).
- **Urs**, *um 1675, Firmung 1704 [We],
  Ehe am 23.06.1703 [We] mit Margaritha Büetsch (#17.1.2).
- **Anna?** *um 1780, Ehe mit Johann Allemann (#1.4).

Bemerkungen:

Johann (Hans) Schell hat seine Wurzeln im Schwarzwald. 1657 ist er Teilhaber an der ersten Glashütte von Court, ebenso an der 2. Hütte von 1673. Bei der 3. Hütte von 1699 zeichnen die Wittwe Elisabeth Mägli sowie der als Sohn vermutete (Hans) Adam (#17.1.1) je einen Platz.
Mit dem Sterbeeintrag von 1705 „honesta vidua Elisabeth Mägli, Hospitissa in der Glashütte" wird Elisabeth Mägli fassbar als Wirtin in einer Taverne oder Schenke der Glaser. Nach ihrem Tod übernimmt Sohn Urs (#17.1.2) die Schenke.
Eine Zuordnung von Margaretha und Anna Schell als Tochter von Hans Schell und Elisabeth Mägli ist plausibel, aber nicht gesichert (vgl. dazu Bemerkungen unter #18.1).

17.1.1   (Hans) Adam Schell oo Maria Fröhlicher

*um 1663, wahrscheinlich als Sohn von Johann Schell und Elisabeth Mägli (#17.1),
†17.10.1705 [We] in Court.
Ehe um 1690/95 mit Maria Fröhlicher.

Kinder:

- Maria, Firmung 1704 [We].
- Anna, Firmung 1704 [We].
- Margreth, Firmung 1704 [We].
- Anna Elisabeth, *14.09.1700 [We] in Court.
- Jakob, *31.01.1703 [We] in Court.
- Adam, *14.01.1706 [We] in Court.

Bemerkungen:

„Hans Adam" Schell ist Besitzer diverser Güter an der Glashütte Largwald bei Lucelle. Am 28.07.1689 verkauft er diese an den Glaser Claude Burrey. Offenbar muss Schell (zu) lange auf sein Geld warten. Nach einem Beschwerdebrief regelt der Abt von Lucelle am 21.04.1695 die Angelegenheit.[70] 1699 zeichnen Adam Schell[71] und Wittwe Elisabeth Schell geb. Mägli je einen Platz an der dritten Hütte von Court.
Am 17.10.1695 [72]. ist Hans Adam Schell Zeuge in einem Geschäft des Glasers Johann Rubischung (#15.1). Die Wittwe Elisabeth Fröhlicher heiratet später in Mariastein einen Jakob Hoffstetter aus Lommiswil[73].

---

[70] [BLIND p.62, mit Verweis auf AAEB B240/79 verrerie de Court]

[71] gemäss [BLIND p.62] ist im Pachtvertrag von 1699 Hans Adam Schell aus „St. Blaise en ladite forest noire" erwähnt. Als Sohn des seit 1657 in Court anwesenden Johann Schell passt diese Herkunftsangabe schlecht. Ist damit der zuerst in Lucelle fassbare (Hans) Adam Schell ein jüngerer Bruder von Johann Schell?

[72] Notizen Gobat mit Verweis auf AAEB Notaire Jean Faigaux.

17.1.2   Urs Schell oo Margaritha Büetsch

*um 1675, Eltern Johann Schell und Elisabeth Mägli (#17.1), †26.03.1738 [Gä].
Ehe 23.06.1703 [We] mit Margarethe Büetsch aus Court (Firmung 1704 [We]).
Kinder:

- Margaritha, *27.07.1704 [We].
- Jakob, *13.09.1705 [We].
- Anna, *28.08.1707 [We].
- Elisabeth, *17.11.1709 [We], †03.12.1737 [Gä].
- Johanna, *15.11.1711 [We].
- Johann, *11.08.1715 [We].

Bemerkungen:
Im Taufbuch [We] ist Urs Schell 1704 erwähnt als „vitrarius" und 1705 als „hospes" (Wirt).
Die Zusatzaufgabe als Wirt hat er von seiner Mutter übernommen.
Bei der Firmung von 1704 [We] sind als Eltern von Margaritha Büetsch erwähnt: „Biola
Büetsch & Tschanat Grotscha" (Tschanat=Jeannette?).

17.2 Rudolf Schell oo Maria Hug / Barbara Müller

*um 1655, Ehe-1: 30.08.1681 [We] mit Maria Hug von der Schafmatt in Gänsbrunnen.
Ehe-2: 1705 mit der Wittwe Barbara Müller [We „ambo ex vitrina"].
Kinder aus erster Ehe:

- Maria, Firmung 1704 [We].
- Josef, Firmung 1704 [We] und 1709 [We].

17.3 Weitere Hinweise auf Schell in Court

- Am 16.10.1721 [Gä] taufen **Michael Gräsly und Anna Schell** (Schellene) einen Sohn
  Melchior (#5.3). Vom Alter her könnte Anna Schell die 1704 gefirmte Tochter von Adam
  Schell und Maria Fröhlicher sein (#17.1.1).
- Am 20.02.1730 [Gä] heiraten **(Johann) Jakob Stampfli** und **Margaritha Schell** „ex
  vitraina Court". Dieses Paar wohnt anschliessend in Herbetswil und tauft 1731-1733 [Ma]
  drei Kinder, darunter am 18.01.1733 [Ma] einen Sohn Johann Georg Stampfli. Taufpaten
  sind Johann Georg Hug (#9.2.2.1) und Magdalena Nico (#18.4).
  Nach dem Tod des erst 32-jährigen Johann Jakob Stampfli am 17.10.1735 [Ma] heiratet
  Margaritha Schell einen **Franz Messer** und tauft mit diesem 1738-1750 [Ma] vier weitere
  Kinder. Franz Messer stirbt am 09.06.1750 [Ma] in Herbetswil und die „vidua Margaretha
  Messer nata Schäl" am 01.11.1764 [Ma].
  Als Eltern von Margaritha Schell passen zeitlich Adam Schell und Maria Fröhlicher
  (#17.1.1) oder Urs Schell und Margaritha Büetsch (#17.1.2).

---

[73] [BLIND, p. 62, ohne Datumsangabe]

18 Schmid (Schmidt)

18.1 *Johann Jakob Schmid oo Margaretha Schell*

*um 1660, †12.06.1719 [We] in Court. Ehe 30.08.1687 [We] mit Margaretha Schell (*um 1665, Eltern: wahrscheinlich Johann Schell und Elisabeth Mägli, #17.1).
Kinder:

- Johann Jakob, Firmung 1704 [We] und 1709 [We].
- Peter, Firmung 1704 [We] und 1709 [We].
- Johann, Firmung 1704 [We].
- Michael, Firmung 1704 [We].
- **Georg**, *16.10.1701 [We] in Court (#18.1.1).
- Joseph, *13.02.1704 [We] in Court.
- Judith, *30.09.1706 [We] in Court.
- Bartholomäus, *17.11.1709 [We] in Court.
- Maria Magdalena Theresia, *29.11.1711 [We] in Court.
- Anna Maria, *02.04.1713 [We] in Court.

Bemerkungen:
Johann Jakob Schmid ist 1699 Mitbesitzer (mit einem Platz) an der 3. Glashütte von Court, sowie 1714 mit drei Plätzen an der 4. Courter Glashütte.
Gemäss einem Eintrag in [GN] stammt Margaretha Schell aus Planche-Bas. Die hier vorgeschlagene Zuordnung zu Hans Schell (#17.1) scheint plausibler, ist aber nicht gesichert.

18.1.1　　(Johann) Georg Schmid oo Anna (Maria) Senn

*16.10.1701 [We] in Court, Eltern: Johann Jakob Schmid, Glaser und Margreth Schell.
Ehe 13.05.1734 [Gä] mit Anna Maria Senn aus Wittnau.
Kinder:

- Peter, *19.09.1734 [Gä] in Court.
- Katharina, *06.03.1736 [Gä] in Court.
- Josef, *26.02.1741 [Mü] im Bogental, †16.05.1742 [Mü] im Bogental.
- Josef, *08.03.1743 [Mü] im Bogental.
- Anna Maria, *06.01.1746 [Mü] im Bogental.

Bemerkungen:
Beim Eheeintrag 1734 heisst es „juvenis Georgius Schmid de vitraria ex Court et honesta Anna Maria Senn ex pago Wittnau".

18.2 *Johann Jakob Schmid oo Katharina Gräsly*

*um 1680, Ehe 13.02.1707 [We] mit Katharina Gräsly (Vater: Christian Gräsly, #5.2).
Kinder:

- Anna, *25.09.1707 [We] in Court.
- Anna, *09.06.1709 [We] in Court.
- Maria, *08.02.1711 [We] in Court.

Bemerkungen:
Gemäss Eheeintrag von 1707 stammen beide aus der Glashütte. Nach 1711 bestehen in Court-Gänsbrunnen keine konkreten Hinweise mehr zu diesem Paar.

Am 05.05.1729 [Gä] stirbt in Court ein Glaser Jakob Schmid. Dies könnte der Sterbeeintrag von Johann Jakob Schmid sein. Eine Fortsetzung ist auch in F-Charmauvillers (Glashütte Bief d'Etoz) möglich. Dort stirbt eine Katharina Gräsly am 27.07.1753 [GN].

18.3 Johann Schmid oo (Anna) Maria Säger

*um 1690, Ehe 04.03.1714 [We] mit Anna Maria Sägerin (Säger). Glaser in Court.
Kinder:
- Anna Maria, *01.11.1715 [We] in Court.
- Anna Maria, *18.10.1716 [We] in Court.
- Anna, *01.01.1718 [We]in Court.
- Anton, *24.08.1719 [We] in Court.
- Anna Maria, *24.09.1721 [Gä] in Court.
- Maria Magdalena, *16.09.1723 [Gä] in Court.

Bemerkungen:
Gemäss Eheeintrag von 1714 stammen beide aus der Glashütte.

18.4 Johann Georg Schmid oo Magdalena Nico

*um 1690, Ehe 10.07.1714 [We] mit Magdalena Nico aus Undervelier JU. Glaser in Court.
Kinder:
- Josef, *28.04.1715 [We] in Court.
- Georg, *02.02.1717 [We] in Court.
- Anna, *07.04.1719 [We] in Court.
- Maria Anna, *19.01.1721 [Gä] in Court, †1721 (Kreuz im Taufbuch).
- Maria Magdalena, *04.03.1723 [Gä] in Court.
- Josef, *23.02.1727 [Gä] in Court.
- Franz Josef, *09.06.1729 [Gä] in Court.
- Anna Margaritha, *09.11.1731 [Gä] in Court.
- Katharina, *08.12.1734 [Gä] in Court.

Bemerkungen:
1714 steht zur Herkunft des Ehemannes „ex S. Blasio" (St. Blasien, Schwarzwald) und der Ehefrau „ex Underschwil ditioni delemontana" (Undervelier im Bezirk Delémont JU).

18.5 Josef Schmid oo Anna Maria Bärtschi

*um 1695, Ehe 16.02.1722 [Gä] mit Anna Maria Bärtschi aus Lommiswil SO. Glaser.
Kinder:
- Maria Magdalena, *25.08.1722 [Gä] in Court.
- Anna Maria, *25.01.1724 [Gä] in Court.
- Maria Anna, *25.12.1727 [Gä] in Court.
- Maria Margaritha, *18.12.1732 [Gä] in Court.
- Josef Balthasar, *25.09.1735 [Gä] in Court.

Bemerkungen:
Eheeintrag 1722: „Josephus Schmid ex Schwartzwald, vitrarius et Anna Maria Bärtschi de Lomiswÿl parochio Oberdorf"

18.6 Josef Schmid oo Anna Maria Schmid

*um 1695, Ehe 16.05.1724 [Gä] mit (Anna) Maria Schmid aus D-St.Blasien. Glaser in Court.
Kind (einzige Taufe zu diesem Paar):
- Josef, *26.01.1727 [Gä] in Court.

Bemerkungen:
Eheeintrag 1724: „Josephus Schmid vitrarius de Schwartzwald et Maria Schmid in etiam de Schwartzwald seu de S. Blasis".

18.7 Jodok Schmid oo Margaritha Säger

*um 1710, Ehe 27.07.1734 [Gä] mit Margaritha Säger (*18.04.1706 [We] aus der Glashütte in Court, Eltern: Johann Jakob Säger und Katharina Gräsly, #16.1).
Kind:
- Josef, *26.01.1727 [Gä] in Court.

Bemerkungen:
Eheeintrag 1734: „Jodocus Schmid oriundus ex Olten et Margaritha Sägerin ex Court vulgo Glashitty".

18.8 Weitere Schmid-Familien in Court

- Am 06.07.1677 [We] stirbt die Wittwe „**Ursula Schmidin**" aus der Glashütte: Möglicherweise handelt es sich hier um die Wittwe von Johann Sigwart (#20.1).
- **Kaspar Schmid und Katharina „Rebeürin"** taufen am 17.11.1708 [We] eine Tochter Anna.
- Ehe 12.02.1725 [Gä] **Ludwig Schmid** („parochianus", also aus der Pfarrei Gänsbrunnen) oo **Anna Katharina Lörtscher** („parochiana aus dem Gurceller Wald", ebenfalls aus der Pfarrei, wahrscheinlich aus dem Wald bei Corcelles BE).
- Taufe 27.06.1727 [Gä] von Johann Michel Schmid. Eltern sind „Joseph Schmid, vagus – ein Glassträger" und „N. Kollerin".
- Ehe [Gä] 28.07.1738: „juvenis Johann Schmid ex Olten et virgo Maria Magdalena Katelao? ex Langendorf".

19 Schor

19.1 Christof Schor oo Angela Gräsly

*um 1680, Ehe vor 1711 mit Angela Gräsly (*um 1673, †23.08.1765 [Gä, „mulier Angelica Schorÿ nata Grässlin, ca. 92 jährig"]).
Kinder:

- Margaritha?, *um 1705, Ehe 17.02.1727 [Gä] mit dem Wittwer Josef Allemann (#1.6).
- Judith, *08.11.1711 [We] in Court.
- Michael, *30.07.1713 [We] in Court.
- Christof, *13.01.1715 [We] in Court.
- Christof, *07.02.1717 [We] in Court.
- Peter Anton, *17.04.1718 [We] in Court.
- Anna Maria Josepha Magdalena, *22.09.1720 [Gä] in Court.
- Angelika, *11.10.1722 [Gä] in Court.
- Christof, *22.04.1725 [Gä] in Court.
- Josef Christof, *30.09.1728 [Gä] in Court.

Bemerkungen:
Mit dem aus dem Sterbeetintrag abgeleiteten Alter könnte Angela Gräsly eine Tochter von Michael Gräsly (#5.1) oder Christian Gräsly (#5.2) sein.
Bei Margaritha Schor könnte es sich auch um eine Schwester von Christof Schor handeln.

20 Sigwart

Die Glaserfamilie Sigwart stammt aus dem Schwarzwald und ist an vielen Glashütten verbreitet. So haben kurz vor dem Übergang Court-Bogental die drei Brüder Joseph, Peter und Michael Sigwart, auf Grundlage eines Empfehlungsschreibens des Abts von St. Blasien, 1723 die Bewilligung für eine Glashütte im Entlebuch (Kanton Luzern) erhalten. Aus dieser entwickelte sich später die bekannte Glashütte in Hergiswil NW[74].

20.1 Johann Sigwart oo Ursula Schmid?

Bestattungseintrag 14.12.1653 [We, „honestus ac senex vir Joannes Sigwart, vitrarius"].
Diese Bestattung erfolgte nach der Schliessung der Hütte im Rüschgraben und noch vor der Gründung der ersten Glashütte in Court (1657).

Bemerkungen:
Gemäss [MICHEL89 p. 62] könnte Adam Sigwart (#20.2) ein Sohn von Johann Sigwart und Ursula Schmid sein, welche am 10.10.1632 in St. Blasien geheiratet haben. Dazu passt der Sterbeeintrag 06.07.1677 [We] „vidua Ursula Schmidin, ex vitrina".

---

[74] [MICHEL89, p.43]

20.2 Adam Sigwart oo Anna Maria Fluri / Salomé NN

*um 1630, im Schwarzwald, †um 1695/96 in Court.
Ehe-1 09.02.1660 [We] mit Anna Maria Fluri aus Biel (*um 1635, †evtl 24.04.1687 [We]).
Ehe-2 16.10.1687 [We] mit Salomé NN.

Kinder aus erster Ehe:

- **(Hans) Adam**, *um 1662, Ehe am 22.10.1687 [We] mit Maria Rubischung (#20.3).
- Georges, *06.01.1663 in Lobchez [MICHEL89, p.62], †vor 1691 (fehlt in der Teilung).
- **Elisabeth**, *um 1669, gemäss [MICHEL89, p.62] Ehe am 26.11.1685 in Soubey mit Peter Raspiller (#14.1), †17.01.1729 in F-Ronchamp, ca. 60-jährig.
- **Barbara**, *um 1675/80, erwähnt in der Teilung von 1691.

Bemerkungen:
Der Eheeintrag von 1660 lautet: „honestus vitrarius Adamus Sigwart ex Sylva Hercina seu Schwartzwald cum pudica virgina Anna Maria Fluri ex Biel, catholica". Vermutlich ist Anna Maria Fluri eine Tochter oder nahe Verwandte von Germain Fluri (#4.2).
Bei der ersten Glashütte in Court (1657) zeichnet Adam Sigwart als Pächter, ist jedoch bereits 1663 mit seiner Ehefrau Anna Marie Fluri in Lobschez anzutreffen. 1673 ist Adam Sigwart dann wiederum als Pächter für die 2. Courter Glashütte erwähnt.
Der Bestattungseintrag vom 24.04.1687 [We] einer Maria Fluri aus der Glashütte könnte zu Anna Maria Fluri passen. Die Zuordnung ist plausibel, weil am 03.10.1687 Adam Sigwart nochmals heiratet. Der zweite Eheeintrag ist leider unvollständig („viduus Adamus Sigwart, vitrarius cum pudica virgine", ohne Namensangaben zur Ehefrau).
Am 11.04.1691 [75] findet eine Teilung statt zwischen Adam Sigwart, verehelicht mit Salomé NN und den Kindern aus erster Ehe (vertreten durch Hans Schell, #17.1). Als Kinder sind darin genannt Hans Adam Schell, Elisabeth Schell und die jüngere „Barbellet", welche beim Vater und der Schwiegermutter verbleibt. Die von [BLIND, p.49] vermutete weitere Tochter Agnes (zweite Ehefrau des Glasers Johann Jakob Mathis, *12.10.1656 in F-Soultz) lässt sich in dieser Teilung nicht bestätigen.
Am 27.04.1691 und 19.03.1694 [76] ist Adam Sigwart in weiteren Protokollen erwähnt. Er dürfte um 1695/96 gestorben sein, denn am 16.04.1697 [77] zeichnet „Petre Räschepier verrier en la verrerie de Court" (Peter Raspiller, #14.1) als Beistand für die Kinder aus erster Ehe des inzwischen verstorbenen Adam Sigwart, eine Quittung für die Wittwe Salomé.

20.3 (Hans)Adam Sigwart oo Maria Rubischung

*um 1662, †vor 1696.
Ehe 22.10.1687 [We] mit (Anna) Maria Rubischung (*um 1665, Eltern: Johann Rubischung und Magdalena Hug, #15.1).

Bemerkungen:
Gemäss Ehebuch [We] stammen die Eheleute „juvenis Adamus Sigwart" und „virgo Maria Rubischung" beide aus der Glashütte von Court ("omnes ex vitrina").
Gemäss [ROTH p.339, G4.2] stammt (Johann) Adam Sigwart aus St. Blasien und zur Ehefrau Marie Rubischung sind zwei weitere Ehen bekannt: am 28.09.1693 in F-Soultz eine zweite Ehe mit Josef Walch (Walckher, Walker) vom Salzburger Land, einem Glasmacher in F-Rimbach-près-Guebwiller und eine dritte Ehe mit einem Franz Rich.

---

[75] Notizen Gobat mit Verweis auf AAEB Notaire Jean Faigaux.
[76] Notizen Gobat mit Verweis auf AAEB Notaire Jean Faigaux.
[77] Notizen Gobat mit Verweis auf AAEB Notaire Jean Faigaux.

20.4 Josef Sigwart oo Katharina Mueltener

Kind:
- Josef, *06.12.1740 [Mü] im Bogental.

Bemerkungen:
Die Ehefrau Katharina Mueltener könnte eine Schwester von Friedrich Mueltener (#11.1) sein.

20.5 Adam Sigwart oo Maria Dürst?

Kind:
- Margaritha, *18.11.1742 [Mü] im Bogental.

20.6 Mathis Sigwart oo Magdalena Dürst?

Kinder:
- Magdalena, *09.12.1742 [Mü] im Bogental.
- Anna Maria, *14.07.1744 [Mü] im Bogental.
- Josef, *15.03.1746 [Mü] im Bogental.

Bemerkungen:
Der Familienname der Ehefrau liest sich unterschiedlich (Dürst, Dirst)

20.7 Weitere Hinweise auf Sigwart

- Am 08.12.1734, 19.12.1734 und am 25.09.1735 [Gä] ist **Michael Sigwart** als Glaser in Court Taufpate.
- Am 05.04.1738 [Mü] ist **Johann Sigwart** Taufpate im Bogental.
- Am 15.12.1743 [Mü] ist **Richard Sigwart** Taufpate im Bogental.

21 Spicher (Spycher, Speicher)

21.1 Melchior Spicher aus Oberhasli

Am 06.10.1680[78] ist ein „Melchior Speicher d'Oberhaslé" Zeuge bei einem Rechtsgeschäft zwischen „Pierre Marchard de Court" und dem Glaser „Hans Robischon de Rosière[79] maître verrier de Court". Als „Oberhaslé" kommt der ehemalige bernische Amtsbezirk Oberhasli (mit dem Hauptort Meringen, der Gemeinde Hasliberg und weiteren Orten) in Frage.

Mögliche Kinder:
- Margaritha Spicher, *um 1666, Ehe 20.07.1698 mit Christian Allemann (#1.2).
- Joseph Spicher, *um 1675/80, Ehe 29.10.1703 [We] mit Elisabeth Gräsly (#21.2).
- (Anna) Maria Spicher, *um 1685, Ehe 29.10.1707 [We] mit oo Jakob Gräsly (#5.1.1.1).
- Anna Spicher, erwähnt als Taufpatin 1719 und 1720 (#21.3).

Mit Herkunft Oberhasli war Melchior Spicher vermutlich evangelisch-reformiert und wechselte später mit seinen Kindern zur katholischen Konfession. Dies könnte auch die Anmerkung „conversa" bei Margaritha und (Anna) Maria Spicher erklären.

21.2 Joseph Spicher oo Elisabeth Gräsly

*um 1675/80, evtl. als Sohn von Melchior Spicher (#21.1). Glaser.
Ehe 29.10.1703 [We] mit Elisabeth Gräsly (*um 1680, evtl. als Tochter von Christian Gräsly und Salome Bürgi, #5.2), †06.02.1756 [GN] in F-Wildenstein.
Kinder:
- **Anna Maria** ?, *um 1704. Ehe 28.08.1730 [Gä] mit **Friedrich Mueltener** (#11.1).
- **Joseph**, *um 1705, Firmung 1718 [We] in Solothurn, †1755 [GN], Glaser.
  Ehe 28.07.1732 [GN] in F-Oderen mit **Magdalena Hug** (*1710 [GN]).
  Die Fortsetzung an den französischen Glashütten von Saint-Antoine und Vieille-Hutte findet sich bei [MICHEL99, p. 224].
- Peter, *11.11.1707 [We] in Court, Firmung 1718 [We] in Solothurn.
- Johann, *21.04.1709 [We] in Court.
- **Michael**, *02.12.1710 [We]] in Court, Firmung 1718 [We] in Solothurn.
  Ehe 06.05.1738 [GN] in F-Charmauvillers mit **Maria Elisabeth Haas** (*1707 [GN]). In Charmauvillers liegt die Glashütte Bief-d'Etoz.
- **Margreth**, *07.08.1712 [We], Ehe 02.05.1736 [Gä] mit **Joseph Habegger** (#8.1).
- Anton, *21.09.1714 [We] in Court.
- **Jakob**, *09.02.1716 [We] in Court, †03.05.1759 [GN] in F-Torens. Ehe am 04.06.1752 [GN] in F-Charmauvillers mit **Anne Françoise Hintzy** (*1727, †24.01.1807 [GN])
- Viktor ?, nur erwähnt anlässlich der Fimung 1718 [We] in Solothurn.

Bemerkung:
Gemäss Eheeintrag von 1703 stammen Joseph Spicher und Elisabeth Gräsly aus der Glashütte von Court.

---

[78] Notizen Gobat mit Verweis auf AAEB, Notar. Philippe Juillerat
[79] Rosières ist die französische Ortsbezeichnung für Welschenrohr SO.

21.3 Weitere Hinweise auf Spicher in Court

- Ehe am 20.07.1698 in Delémont von **Margaritha Spicher** (aus dem Bernbiet, „conversa") mit dem Wittwer und Glaser Christian Allemann (#1.2).
- 09.04.1719 und 19.05.1720: Eine **Anna Spicher** ist Taufpatin [We].
- 25.11.1720 [Gä]: Ehe **Jakob Gräsly mit (Anna) Maria Spicher** (#5.1.1.1). Dieser Eheeintrag mit dem Vermerk „conversa" deutet darauf hin, dass Anna Maria Spicher (Speicher) einen Konfessionswechsel zur römisch-katholischen Kirche vollzogen hat.

22 Wolf

22.1 Anton Wolf oo Anna Säger

*um 1700, aus A-Kaltenbrunn (Tirol).
Ehe 14.02.1724 [Gä] mit Anna Säger (Eltern:wahrscheinlich Johann Jakob Säger und Katharina Gräsly, #16.1).
Kinder:

- Anna Maria, *14.03.1725 [Gä] in Court.
- Michael, *07.11.1728 [Gä] in Court,], †19.01.1745 [Mü] im Bogental.
- Anton, *10.06.1731 [Gä] in Court.

23 Zengerli

23.1 Josef Zengerli oo Kunigunde Säger

*um 1700, aus A-Kaltenbrunn (Tirol).
Ehe 28.01.1726 [Gä] mit Kunigunde Säger (Eltern: wahrscheinlich Johann Jakob Säger und Katharina Gräsly, #16.1).
Kinder:

- Anna, *31.03.1726 [Gä] in Court.
- Margaritha, *10.07.1729 [Gä] in Court.
- Maria Angelika, *09.03.1732 [Gä] in Court.
- Urs Friedrich, *02.03.1735 [Gä] in Court.

Bemerkung:
Gemäss Eheeintrag von 1726 stammen Josef Zengerli aus der österreichischen Pfarrei Kaltenbrunn im Tirol und Kunigunde Säger aus der Glashütte bei Court.

24 Weitere Familien in Court (Einzeleinträge)

24.1 Peter Mohler oo Maria Schuler

†20.06.1706 [We, „ex Sylva Hercinia"]. Glaser in Court.
Ehe mit Maria Schuler (Schuoler).
Zu diesem Paar ist 1704 [We] die Firmung der Tochter Maria bekannt.

Bemerkung:
Weitere Hinweise zur Familie Mohler im Elsass: siehe [MICHEL99, p.128-130] und
[BLIND, p.51-53].

24.2 Josef Roth oo Elisabeth Hug

†21.01.1718 [We]: Wittwe Elisabeth Hug, Ehefrau von Joseph Roth aus der Glashütte.

25 Weitere Familien im Bogental (Einzeleinträge)

25.1 Franz Fürter? oo Maria Schmid

Kind: Anna Maria, *15.05.1746 [Mü] im Bogental.

25.2 Viktor Ritter oo Anna NN.

Kind: Josef, *22.11.1739 [Mü] im Bogental.

25.3 Peter Schmid oo Elisabeth Nussbaumer

Kind: Urs Josef, *01.12.1745 [Mü] im Bogental.
Schmid und Nussbaumer sind in der Region Mümliswil-Ramiswil recht häufige
Familiennamen.

C Literatur und Quellen

Literatur

[BLIND]: Blind, Roland: Dictionnaire généalogique des maîtres-verriers du Glaserberg. Cercle Généalogique de Mulhouse, 2011.

[FLURI/GROLIMUND]: Fluri, Anton und Grolimund, Alois: Die Glashütte im Bogental, Baselbieter Heimatblätter, Sept 2012, Heft 3, 93-101.

[GERBER]: Gerber, Christophe: Court, Pâturage de l'Envers, vol.1, Bern, 2010.

[HUG]: Hug, Werner: Zur Herkunft des Geschlechts Hug von Gänsbrunnen, Regio-Familien-forscher, 18. Jg, Nr1, Basel, 2005.

[MICHEL89]: Michel, Guy-Jean: Verriers et verreries en Franche-Comté au XVIIe siècle, Erti, 1989.

[MICHEL99]: Michel, Guy-Jean: Dictionnaire généalogique des Verriers de Franche-Comté au XVIIe siècle, Vesoul, 1999.

[ROTH]: Roth, Alexander: Unterwegs in der eisernen Welt, Zürich, 2009.

[SCHWAB27]: Schwab, Fernand: Die industrielle Entwicklung des Kantons Solothurn, 1927.

[SCHWAB30]: Schwab, Fernand: Geschichte der jurassischen Glashütte Esserdilles oder Biaufond 1747-1792. Undatiertertes Script (ca. 1930). Zentralbibliothek Solothurn.

Quellen

Für nachstehende Quellen mit dem Vermerk <MF> bestehen auch weltweit beziehbare Mikrofilme. Bezugsmöglichkeiten via Internet (https://familysearch.org/).

Staatsarchiv Solothurn (StASO) in Solothurn

<MF> Pfarrbücher von Beinwil [Be], Gänsbrunnen [Gä], Grenchen [Gr], Mariastein [Ms], Matzendorf [Ma], Mümliswil [Mü] und Welschenrohr [We].

<MF> Inventare und Teilungen (I+T)

Ganten und Steigerungen (G+S)

Sentenz Gänsbrunnen (Gedruckte Schrift „Sentenz des löblichen Amtsgerichtes Balsthal vom 4. April 1827 in der Streitsache zwischen einigen Partikularen von Gänsbrunnen gegen die löbl. Forst=Direktion der Hohen Regierung und Verwaltung der Stadt=Gemeinde Solothurn"), Handbibliothek des Staatsarchivs, Signatur 94/45.

Archives de l'ancien Évêché de Bâle (AAEB) in Porrentruy

<MF> Notariatsakten.

Diese Arbeit verwendet ausschliesslich Verweise aus einer Zusammenstellung von Herrn Jean-Philippe Gobat (Handschriftliche Notizen „verriers", 7 Seiten). Die äusserst hilfreichen „Notizen" wurden freundlicherweise zur Verfügung gestellt von Herrn Christophe Gerber, Archäologischer Dienst des Kantons Bern.

Centre Départemental d'Histoire des Familles (CDHF) in F-Guebwiller

Cahier Sairepa (Abschriften von Pfarrbüchern):
Band 03 Lucelle [Lu] und Band 17 Ligsdorf-Bendorf [Li].

Geneanet (http://www.geneanet.org/)

Genealogische Informationen aus der Internet-Plattform Geneanet [GN].

D Abkürzungen und Symbole

Abkürzungen für Archive

AAEB   Archives de l'ancien Évêché de Bâle, Porrentruy
CDHF   Centre Départemental d'Histoire des Familles, Guebwiller (Frankreich)
StASO   Staatsarchiv Solothurn, Solothurn

Abkürzungen für Quellen

[Be]   Pfarrbuch Beinwil SO (StASO)
[Gä]   Pfarrbuch Gänsbrunnen (StASO)
[GN]   Genealogische Informationen aus der Internet-Plattform Geneanet
            (http://www.geneanet.org/)
[Gr]   Pfarrbuch Grenchen (StASO)
[Li]   Pfarrbuch Ligsdorf-Bendorf (CDHF, Cahier Sairepa, Nr 03)
[Lu]   Pfarrbuch Lucelle (CDHF, Cahier Sairepa, Nr 17)
[Ma]   Pfarrbuch Matzendorf (StASO)
[Ms]   Pfarrbuch Mariastein (StASO)
[Mü]   Pfarrbuch Mümliswil (StASO)

Verwendete Symbole

*   Geburt (bei Pfarrbüchern in der Regel Datum der Taufe)
oo   Ehe
†   Tod (bei Pfarrbüchern in der Regel Datum der Bestattung)
\#   In diesem Personenverzeichnis verwendete Nummer (Kapitel oder Unterkapitel) für Personen einer Familie

E Index zum Personenverzeichnis